D1133716

Le Petit Nicolas, Ségolène et les copains

Gospé et Sempinny

Le Petit Nicolas, Ségolène et les copains

Pastiche

éditions du
ROCHER

© Dessins Alberti
Éditions du Rocher 2007
ISBN : 978-2-268-062419

Préface

En hiver, nous avions froid aux jambes. Dans la cour, les parties de foot noircissaient les genoux et abîmaient nos chaussures. Le monde des parents paraissait aussi lointain que la terre des Géants. La maîtresse et M. le directeur étaient plus importants que le président de la République. Notre cartable était un univers, les récrés une image du paradis et autour des arbres pelés, sur le goudron rouge et bleu de la cour, nos rires carillonnaient comme ils ne le feront plus. « *On avait dix ans, puis on ignorait qu'un jour on s'rait grand et qu'on mourirait* » chanterait Renaud bien plus tard.

En y songeant aujourd'hui, la vie avait alors le charme malicieux des dessins de Sempé. La saveur des histoires de René Goscinny. Les aventures du *Petit Nicolas* étaient les nôtres. Geoffroy et ses chouettes déguisements, Alceste et ses tartines, Agnan, toujours levant le doigt, étaient dans notre classe. Nous nous sommes battus avec Eudes, nous nous sommes moqués des lunettes de Clotaire, nous avons craint les yeux ronds du

Bouillon. Quand nous sommes devenus aussi grands que la maîtresse et qu'il a fallu nouer la cravate de M. le directeur, la vie s'est souvent faite plus lente, plus lourde, plus triste aussi.

Certains soirs, nous sortions des rayons de la bibliothèque, comme un enfant ouvre discrètement sa boîte aux trésors, *Joachim a des ennuis*. Ils étaient tous là, personne n'avait changé et il faut avouer qu'Agnan méritait qu'on lui mène la vie dure. Autour de nous, pourtant, tout le monde avait grandi et ceux qui ne songeaient alors qu'à marquer un but se voyaient déjà directeur Asie du Sud-Est, manager ou conseiller-maître. Pour les plus ambitieux, président de la République. Eux aussi pourtant s'étaient fait des bobos sur les coudes. Ils avaient tapé dans les mains dans le car qui menait à la classe de mer, ils avaient connu cette impression aigre-douce des journées de fin d'année, quand les vacances commencent et qu'il faut se séparer des copains. Ils avaient vidé leur Bic pour faire des sarbacanes et tenu fermement dès le matin leur goûter dans leur poche comme la plus belle des promesses.

Ils s'appelaient Nicolas et Ségolène, Laurent et Jack, Jean-Marie et Philippe, François et José, Olivier, Lionel ou Dominique. Ils s'invitaient à des anniversaires, ils apprenaient sagement leurs récitations, ils se tenaient bien quand venait l'inspecteur. Ce que l'on sait moins, c'est qu'ils étaient dans la même classe. Avec la maîtresse, le directeur et le Bouillon aussi.

Que Goscinny et Sempé nous pardonnent : nous ne pouvions pas raconter cette histoire sans faire revivre le pays de l'enfance, celui du Petit Nicolas et de ses amis.

Ce n'est qu'un pastiche bien sûr. C'est un hommage aussi.

Juste une récréation. Pour retrouver les plaisirs des jeudis après-midi.

Gospé et Sempinny

Raffarin a des ennuis

Les autres années, avec les copains, on aimait bien la rentrée des classes.

Mais cette fois-ci, quand on a vu le Bouillon arriver avec l'air sérieux que prend papa quand il a réparé le pneu de la voiture, on a tout de suite compris que le directeur allait faire un discours. Nicolas, qui croit toujours tout savoir avant tout le monde, nous a dit :

– *C'est Raffarin qui a des ennuis.*

Moi d'abord, je ne l'ai pas cru.

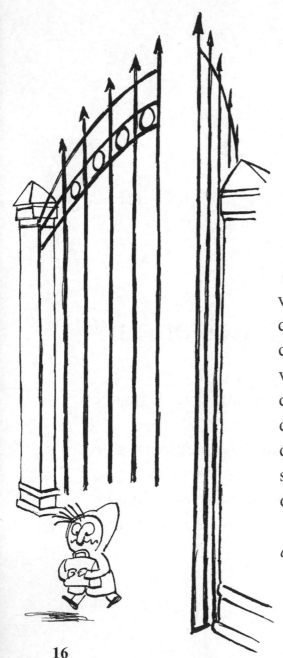

Tout le monde l'aime bien, Raffarin. Il partage toujours son goûter, et quand il imite la maîtresse en faisant des maximes de morale, on rigole bien. Bien sûr, au football, personne ne le veut dans son équipe parce qu'il ne court pas assez vite même si, comme il est gros, c'est quand même un bon goal. Dominique, celui qui a des grandes jambes et qui veut toujours jouer à Napoléon, il a dit qu'il s'était moqué de la maîtresse et qu'il allait devoir changer de classe et que maintenant tous ceux qui ne seraient pas sages devraient changer de classe.

– *Tu dis ça pour prendre sa place au premier rang*, a dit Nicolas pour l'énerver, et Dominique a voulu lui donner un coup de pied, mais comme le Bouillon nous a dit de nous taire, on s'est bien mis en rang. Avant le directeur, c'est Raffarin qui est arrivé. Il avait son nouveau manteau que sa maman avait acheté pour son anniversaire et il avait l'air triste comme les jours où il y a des betteraves à la cantine. Il tenait son cartable devant lui avec ses deux mains et on voyait sa bouche qui tremblait. Et puis, le directeur est arrivé. Il avait un nouveau costume gris et ses cheveux bien coiffés en arrière, même s'il n'en a plus beaucoup et qu'il doit les coller avec du Pento. Le directeur a sorti un papier de sa poche et a dit en articulant bien comme si on était tous devenus sourds que Raffarin, après trois ans de bonne scolarité, devait rentrer chez lui, très loin, à Chasseneuil-le-Poitou.

– *C'est en France ?* a demandé Laurent doucement à Jack, mais Jack, il n'a pas pu répondre parce que Ségolène leur a dit de se taire.

Pour montrer qu'il nous aimait bien, Raffarin a récité une comptine qu'il avait écrite – « *même que c'est sa maman qui l'a faite* », a dit François. « *Si tu marches jusqu'en haut du chemin/ tu verras le monde comme au sommet de la colline.* » Il l'a très bien récitée et Dominique, qui était à côté de moi, se tenait très droit et la tête un peu de travers comme les chevaliers qui sont sur les tableaux dans la chambre de Laurent. Tout le monde lui a dit au revoir. Dominique lui a fait le salut comme les militaires ; Nicolas, pour montrer à la maîtresse qu'il était gentil, lui a donné son goûter et Ségolène lui a dit que s'il mangeait trop de goûter, il aurait mal au ventre et qu'après il raterait l'école et qu'il serait mauvais élève.

– *Les filles, ça pleure tout le temps, et ça sait que faire la morale*, a dit Philippe avec sa voix qui siffle comme le sifflet un peu cassé du Bouillon quand il fait l'arbitre. Jean-Marie, qui aime bien Ségolène, lui a donné un coup de poing sur le nez. Alors, comme chaque fois que Jean-Marie fait l'idiot, tout le monde a commencé a s'énerver. Jack a cassé ses nouvelles lunettes rose et blanc qu'il avait eues dans un paquet de céréales que maman n'achète jamais parce qu'elles sont trop chères et pleines de sucre ; Laurent, en poursuivant Dominique, a déchiré son manteau de rentrée qui ressemblait à celui du directeur ; Ségolène pleurait près de la maîtresse. « *Hi-han, hi-han* » disait Philippe à François en imitant les oreilles d'âne. Le Bouillon courait partout, la maîtresse criait après Dominique et Laurent, ça ressemblait à la fête de l'école. C'était triste de voir Raffarin partir alors que tout le monde s'amusait bien. Comme Nicolas tirait la langue à Dominique en lui disant « *Tu m'attraperas pas* », Raffarin m'a dit au revoir :

– *Vous avez de la chance*, il a dit, *ça va être une chouette année.*

Un goûter chez Laurent

Maman m'avait passé du lait sur le visage et m'avait même mouillé les cheveux. *« Tu ne peux pas aller chez eux comme un petit voyou »* disait maman pendant que papa se moquait d'elle en disant que je n'étais pas invité chez le roi du Monomotapa. Avec papa, on était allés au magasin de farces et attrapes pour acheter un cadeau mais comme papa disait que c'était trop cher, j'ai dû choisir dans mes jouets le moins abîmé pour l'offrir à Laurent. Laurent, il allait être content, parce que c'était un chevalier que mon oncle Eugène m'avait donné quand on était allés au Mont-Saint-Michel.

Et puis le papa de Jack est venu me chercher pour m'emmener à l'anniversaire. Comme il faisait beau, le papa de Jack avait enlevé le toit de la voiture et en conduisant il chantait des choses que je ne comprenais pas. Jack m'a dit que c'était de l'anglais mais comme papa dit toujours qu'en France personne ne parle anglais, je crois que Jack racontait des histoires.

Jack avait à la main une grande tour dans une boîte avec de la neige qui tombait.

   – *C'est New York*, m'a dit Jack, *c'est terrible*. C'était son cadeau pour Laurent. J'ai caché le mien dans ma poche même si je savais qu'il était mieux que le sien. Mon déguisement de Peter Pan était mieux aussi que celui d'Indien que les parents de Jack lui avaient rapporté d'un voyage. Avec sa robe blanche de fille, son bandeau sur la tête et son point rouge sur le front il ne ressemblait pas du tout à un Indien, mais je ne le lui ai pas dit parce que Jack, il croit qu'il a toujours raison. Quand on est arrivés près de chez Laurent, c'était chouette de voir toute la classe déguisée comme pour un carnaval. Avec Jack on a bien rigolé quand on a vu que Nicolas et Dominique étaient tous les deux en Napoléon, mais eux ils ne riaient pas du tout. Jean-Marie était en pirate, et Philippe disait qu'il était en « Chouan », mais avec son râteau et son cœur rouge sur la chemise il ressemblait plutôt à un jardinier. Quand on est arrivés chez Laurent, Ségolène était déjà là. Comme elle fait toujours son intéressante, elle s'était déguisée en petite fille modèle, et montrait l'appartement de Laurent comme si c'était chez elle.

Chez Laurent, ça ressemblait au grand musée qu'on va voir avec la classe à la fin de l'année, même qu'on rigole bien quand il y a des filles toute nues sur les tableaux. Une dame dans une robe noire et blanche est venue nous prendre nos manteaux et nous a dit en nous parlant comme à des parents ou comme le Bouillon à M. le directeur d'aller attendre Laurent dans le salon. Avec François, on était épatés en voyant le gâteau d'anniversaire, les dragées et des verres presque aussi beaux que la petite boîte qui neige de Jack. Nicolas a dit qu'il ne savait pas que Laurent habitait dans un musée et Ségolène a dit qu'il ne fallait pas se moquer parce que Laurent donnait toujours sa gomme neuve à ceux qui en avaient une usée et que même, à la cantine, il aidait les dames à ranger la cuisine, et qu'il ne crânait jamais avec ses habits, pas comme Dominique qui croit toujours qu'il est le plus beau. Comme Dominique boudait, il n'a pas entendu. Heureusement, parce qu'il aurait encore fait pleurer Ségolène. On aurait bien aimé goûter les choses qui étaient sur la table, mais comme Laurent n'était pas là, la dame en noir et blanc nous a dit d'attendre. Laurent, moi, j'ai su pourquoi il ne venait pas.

En cherchant les cabinets, dans le très long couloir avant sa chambre, j'ai entendu Laurent qui pleurait.

Ça m'étonnait qu'il pleure, Laurent, parce qu'à l'école il ne s'énerve jamais et il a toujours l'air de s'ennuyer un peu. J'entendais sa maman qui lui disait :

– *Il est beau ton costume, mon petit ; tes amis sont là, va les rejoindre.*

– *J'voulais être en Robin des Bois !* criait Laurent, *en Robin des Bois !*

Moi, je suis vite allé raconter ça aux autres. Et Dominique, qui ne boudait plus, nous a dit que la prochaine fois, il prêterait son costume de Robin des Bois, mais Nicolas m'a dit que ça n'était pas vrai, que Dominique n'avait même pas de costume de Robin des Bois et qu'il disait toujours qu'il avait tout pour faire le malin. Moi, je voulais juste que Laurent arrête de pleurer et que la dame en noir nous donne du gâteau, mais il n'était toujours pas là, alors on a commencé à jouer, mais Jean-Marie, qui criait à l'abordage plus fort, a renversé une grosse montre en or qui faisait du bruit sur la commode. La dame en noir l'a grondé et Jean-Marie a boudé en disant qu'on le grondait toujours lui, qu'il savait très bien que Laurent ne voulait pas l'inviter et que c'était toujours pareil. Alors on a entendu la porte au fond du couloir qui s'ouvrait, et Laurent qui disait :

– *D'accord maman.*

On a écouté les pas sur le parquet et puis la dame en noir a ouvert les très grandes portes blanches avec des sculptures dessus, et on a vu Laurent habillé comme une momie en or. « *C'est mon petit Ramsès II »* a dit la maman de Laurent. Nous, on était épatés, comme si on voyait un vrai roi. Alors la dame en noir a découpé le gâteau.

Laurent ne pleurait plus du tout et Jean-Marie a arrêté de bouder.

Mon cadeau, je l'ai gardé, parce que dans la chambre de Laurent, j'ai vu une photo d'un chevalier qui est dans une autre de ses maisons, à la campagne.

Un vrai chevalier, en armure, grand comme papa.

Ségolène fait son intéressante

Avant, il n'y avait pas de fille à l'école, juste chez les petits.

C'est cette année que le directeur nous a dit que Ségolène allait venir dans notre classe. Au début, on la trouvait bizarre, Ségolène, avec ses longs cheveux et ses robes qui volent quand elle tourne. Moi je n'ose pas le dire aux autres, mais je la trouve jolie avec son petit nœud rose et ses nattes. À la cantine, j'aime bien être à côté d'elle. Ce qui est embêtant, c'est qu'elle veut toujours commander et quand on joue aux cow-boys et aux Indiens, elle veut être le général Custer alors qu'on voudrait la délivrer comme la prisonnière dans le film que j'ai vu au Cinémonde avec papa.

Après les vacances où j'avais été chez mon cousin qui habite près de la mer et où il pleut toujours, alors on ne peut jamais se baigner, Ségolène est revenue avec un drôle de bonnet sur la tête. Il était coloré comme un arc-en-ciel avec deux pattes bizarres qui tombaient sur ses oreilles. Elle avait un manteau qui ressemblait aux couvertures de chez ma grand-mère, qu'elle mettait par la tête comme le déguisement de mousquetaire que Dominique a eu parce qu'il avait des bonnes notes, même que ses parents lui font toujours des cadeaux après son carnet et que papa dit que c'est ridicule parce qu'on n'est pas des « *bêtes à concours* ». Quand elle est arrivée, Ségolène, avec ce drôle de déguisement, on était tous épatés. On ne savait pas très bien en quoi elle était déguisée, même si Jack disait qu'elle était en Indienne, mais moi je sais que Jack, il ne s'y connaît pas en habits pour les Indiens. C'est Philippe, le premier, qui lui a dit en se moquant un peu d'elle :

– *Pourquoi tu t'es déguisée en dessus-de-lit* ?

Mais Ségolène lui a dit qu'il ne savait que se moquer des gens et qu'elle n'était pas en dessus-de-lit mais en Chilienne, et que c'était un pays très loin où ses parents étaient allés pendant les vacances et que même, là-bas, c'était une dame qui était présidente de la République et que sa maman disait que c'était bien parce que le temps des hommes était révolu. Moi, je ne comprenais pas bien ce que disait Ségolène, mais je sais que mon papa dit toujours que s'il était président de la République ça se passerait autrement et que maman lui répond en rigolant : « *Répare le radiateur qui fuit et après on verra.* » Ségolène a continué à nous raconter les histoires de ce pays où on tricote des couvertures et où un méchant général avait mis des gens en prison et maintenant une dame allait demander aux policiers et aux militaires d'être plus gentils. Après, elle ne s'arrêtait plus de parler, elle disait qu'elle aussi serait reine et que les filles sont plus gentilles et plus raisonnables que les garçons, qui sautent toujours dans les flaques d'eau et ne savent faire que la bagarre. Alors Nicolas, qui dit toujours comme les autres, a dit qu'elle avait raison et que lui, il prêtait toujours des jouets à sa sœur et qu'il allait demander à sa mère un déguisement en couverture. Dominique, il disait que dans un livre de son

papa il avait déjà vu des gens habillés comme Ségolène, et Philippe a commencé à raconter à Laurent et à François qu'il était déjà allé chez Ségolène, et que le papa de Ségolène était un militaire avec plein de médailles qui lisait des livres très vieux dans son salon pendant que sa maman faisait la cuisine, et que lui aussi c'était sûrement un chef qui mettait les gens en prison.

Laurent, je sentais que ça l'énervait qu'elle ait ce déguisement. Jack aussi, parce que d'habitude, c'est toujours lui qui a des habits bizarres, même qu'on se moque de lui et qu'il dit qu'ils ont plus de couleurs que nos manteaux bleu marine.

– *Ségolène fait son intéressante*, a dit Jack et il lui a pris son bonnet et l'a mis sur ses oreilles en disant : *Je suis la reine des Indiens, je suis la reine des Indiens* !

Alors Laurent a dit :

– *Moi, je suis le shérif et je vais tuer tous les Indiens*, et il a commencé à courir derrière Jack, qui criait en mettant sa main sur sa bouche. Ségolène, elle a commencé à pleurer parce qu'elle n'avait plus son bonnet. Nicolas et Dominique se poussaient pour la consoler et Jean-Marie rigolait dans son coin de voir tous les copains se bagarrer. Alors le Bouillon est venu voir

Ségolène et lui a demandé pourquoi elle pleurait. Elle a dit que Jack et Laurent ne faisaient que de se moquer d'elle et qu'ils lui avaient volé son bonnet, et qu'ils l'imitaient en reine et qu'ils étaient jaloux parce que leur maman ne connaissait pas de pré-sidente. Le Bouillon a fait des gros yeux et il res-semblait à papa quand il réfléchit pour m'aider à faire mes problèmes de calcul. Il a dit à Laurent et à Jack de rendre le bonnet et il les a mis au piquet avec un bonnet d'âne chacun, même que Philippe a fait « *Hi-han, hi-han* » et le Bouillon l'a puni lui aussi. Moi aussi j'ai été puni, parce que je riais avec François de voir les copains avec leur bonnet. Le Bouillon m'a donné cent lignes à écrire : « *Je ne dois pas me moquer des filles.* » Quand je l'ai dit à maman, elle m'a beau-coup grondé, mais papa m'a dit qu'il allait m'ai-der. Pendant que je faisais mes lignes à côté de lui, il m'a demandé pourquoi j'étais puni. Alors, comme maman n'écoutait pas, je lui ai dit douce-ment que c'était pas juste et que c'était à cause de

Ségolène. Qu'elle disait que sa maman connaissait une dame très loin qui avait un drôle de chapeau et qui était plus forte que le président de la République.

– *Hein qu'elle dit n'importe quoi ?* j'ai demandé à papa.

Il a fait une tête bizarre et il a rien dit.

Mais moi, je sais que c'est lui qui est plus fort que le président de la République.

Le directeur a des lunettes

Ce matin, le Bouillon avait bien serré sa cravate, comme quand papa a une réunion avec son président.

Avec François, on le trouvait bizarre, mais on ne croyait pas Nicolas, qui nous disait que le Bouillon était inquiet parce que le directeur était malade et qu'il ne pourrait pas venir à l'école de toute la semaine. Moi, je savais que Nicolas aimait bien se moquer du directeur, même que ça énerve Dominique, qui lui dit toujours une poésie à la fête. Nicolas dit que Dominique est le chouchou du directeur, mais moi je crois que le directeur trouve Dominique un peu bizarre quand il parle comme dans un livre de chevaliers. Ségolène, elle disait que si on changeait de directeur, le nouveau devrait être une fille, et que c'était pas juste qu'il n'y ait jamais de directrice. Philippe s'est moqué d'elle.

— *Une maman, ça peut être maîtresse ou travailler à la cantine*, il lui a dit, *mais pas dire le discours de la distribution des prix.*

je suis content de vous voir !

Mais Ségolène, elle ne l'écoutait plus parce que la cloche avait sonné et qu'elle aime bien être toujours la première à se mettre en rang.

Moi, je l'aime bien le directeur avec ses belles cravates et ses grandes dents. À la fête de l'école il mange toujours des sandouiches en disant bonjour à tout le monde. Une fois, il a même tapé dans le dos de mon papa en lui disant « *Je suis content de vous voir* », et moi, j'étais très fier. Dès qu'à la télévision il y a des gens qui ont faim, il nous demande d'apporter du riz. L'année dernière, il a même demandé à notre classe de

trouver un nom pour un ours qu'il voulait faire sortir du zoo pour le mettre dans la montagne.

Le Bouillon nous a dit de rentrer dans la classe je vous prie et il s'est mis à la place de la maîtresse. Jean-Marie, ça le faisait rire de voir le surveillant derrière le bureau alors il a dit « *Bonjour maîtresse* », mais le Bouillon s'est fâché et lui a dit de sortir de la classe et de l'attendre dans le couloir. Alors, on a compris que le directeur n'était pas là, parce que sinon Jean-Marie aurait dû aller le voir, comme presque chaque fois, même que la maîtresse dit qu'il n'est pas méchant mais qu'il est dissipé, et que le directeur lui a donné un avertissement. Nicolas m'a donné un petit coup de pied pour me montrer qu'il avait raison, et le Bouillon a sorti un papier qu'il a lu et qui disait que le directeur était à l'hôpital, que ce n'était pas grave, et qu'il reviendrait vite, et que chacun pourrait lui faire un dessin pour lui faire plaisir. Dominique a demandé s'il pouvait écrire une poésie, mais le Bouillon a dit que c'était mieux un dessin et que maintenant il fallait écouter la maîtresse qui allait faire la dictée. À la récré, ça faisait bizarre de pas voir le directeur avec ses beaux costumes et ses cheveux noirs bien tirés en arrière. Et tous les jours de la semaine, ça a été pareil, comme si on avait enlevé un arbre de la cour. Le vendredi, Nicolas a demandé à la maîtresse si le directeur allait revenir, parce que ce serait bien, même s'il semblait bien vieux et qu'est-ce qui se passerait si le directeur ne revenait pas ? La maîtresse, elle était fâchée de ces questions, elle a dit à Nicolas qu'il était toujours impatient, qu'il posait des questions qui ne le regardaient pas et qu'à l'écouter ce serait lui qui devrait diriger l'école. Dominique m'a dit à l'oreille que c'était bien vrai, mais que lui aussi voulait être un chef plus tard parce que dans sa famille on était des chefs depuis les châteaux forts et même peut-être avant. C'est comme si ses yeux roulaient quand il me disait ça, et il me faisait un peu peur. Après, Philippe s'est levé, et il a récité sa leçon sur des gens qui se battaient à la campagne contre des soldats de Paris en imitant le cri de la chouette. Après, pour l'embêter, on faisait tous le cri de la chouette.

Le lundi suivant, avec Dominique, on était bien contents quand on a vu que le directeur était revenu. Il avait perdu un peu de ses joues et n'avait plus de cigarette à la bouche. Quand on est rentrés dans la classe, il est venu avec nous, il s'est mis der-

rière le bureau et il a sorti un petit papier qu'il lisait tout doucement. Il avait des nouvelles lunettes, très grosses et marron
comme celles de mon grand-père. Ça lui faisait une drôle de tête.
Il nous remerciait pour les dessins, surtout celui de Dominique,
qui l'avait dessiné à côté de Napoléon, et il nous disait qu'il était
content de nous retrouver tous. Comme on n'entendait pas très
bien, Jean-Marie a dit « *plus fort* » et il a été privé de récré.
Nous, à la récré, on le regardait de loin, le directeur. Nicolas qui
se moque toujours de lui, il disait des choses gentilles. Il a même
dit à Ségolène et Dominique, en les regardant par en dessous :

— *Quand on voit comme c'est fatigant, on se dit que c'est pas
grave si plus tard on n'est pas directeur.*

Lionel a redoublé

D'abord maman ne m'a pas cru. Quand elle est venu me cher-cher à l'école avec les gâteaux à la fraise qui sont bons au début mais qui donnent un peu soif à la fin, je lui ai tout de suite raconté que finalement Lionel avait redoublé. Elle m'a dit que je me trompais et que l'année dernière, le Bouillon lui avait dit que

Lionel quittait l'école pour toujours pour aller dans une autre école sur une île et qu'on ne le verrait plus. Lionel, quand il était là, l'année dernière, il était chez les grands. Mais tout le monde le connaissait, avec sa tête de hibou et ses lunettes de premier de la classe. Tout le monde l'aimait bien au début, Ségolène et Laurent, et même Olivier, le fils du facteur, qui dit toujours grand soir au lieu de soir et qui croit que les lendemains chantent. Quand il racontait des histoires à la cantine il me rappelait un peu papa quand il m'explique ce que doit être mon avenir.

« *Il est sérieux et c'est bien* » me disait maman, mais moi je ne le trouvais pas très rigolo. Au foot, il tirait très fort et il voulait toujours compter les points alors que nous, on voulait juste jouer jusqu'à la fin de la récré. À l'anniversaire de Laurent, pas celui où il était déguisé en pharaon, mais celui où l'on était tous allés faire de la barque dans les bois, même qu'il y avait des cygnes qui sont au papa de Laurent, c'est Lionel qui avait gagné tous les jeux.

À la distribution des prix, on croyait que la maîtresse allait lui donner le prix d'excellence, mais cette fois-là Lionel n'était même pas second, et il a tout perdu. Il n'a pas pleuré

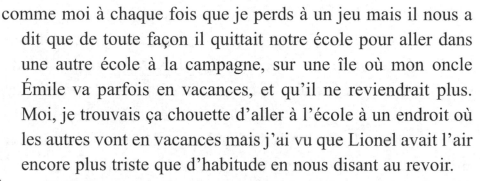

comme moi à chaque fois que je perds à un jeu mais il nous a dit que de toute façon il quittait notre école pour aller dans une autre école à la campagne, sur une île où mon oncle Émile va parfois en vacances, et qu'il ne reviendrait plus. Moi, je trouvais ça chouette d'aller à l'école à un endroit où les autres vont en vacances mais j'ai vu que Lionel avait l'air encore plus triste que d'habitude en nous disant au revoir.

Cette année, on l'avait revu parfois, à des anniversaires où à des parties de football que son papa organise le samedi. À chaque fois Ségolène ou Laurent lui disait :

– *Alors, tu reviens ?*

Mais, lui, il répondait qu'il n'était là que pour jouer et qu'il ne reviendrait jamais. Pour la nouvelle année, il nous avait même envoyé une lettre avec beaucoup de conseils pour être sages et bien gentils avec tout le monde.

– *Il parle comme un vieux*, avait dit Nicolas.

Mais la carte postale avec la mer et le sable jaune, on l'avait quand même accrochée au panneau de la classe. C'est pour ça qu'on a été surpris quand on l'a vu arriver en tenant la main du Bouillon ce matin. Il avait toujours sa tête de hibou et ses lunettes, mais sa maman lui avait acheté une tenue comme celle que je mets à la rentrée des classes. Il n'avait plus son air triste et quand le Bouillon a dit : « *Finalement Lionel redouble et vous allez l'accueillir dans votre classe pour la fin de l'année* », je l'ai même vu sourire.

— *Peut-être que les endroits de vacances, c'est pas bien pour l'école*, m'a dit Dominique, qui était content de le voir revenir.

Ségolène a soufflé très fort quand le Bouillon lui a dit d'aller se mettre au fond, à côté de Philippe et Jean-Marie et de laisser sa place au premier rang à

Lionel. Lionel a posé ses affaires et a répondu à toutes les questions de la maîtresse. À la récréation, on est tous venus le voir pour lui demander s'il restait dans la classe pour toujours. Il nous a dit que si on voulait bien, il resterait. Alors Laurent, qui avait l'air énervé mais qui essayait de le cacher, lui a demandé pourquoi il était revenu. Lionel a expliqué qu'il avait compris qu'il manquait à tout le monde à l'école et qu'il pouvait très bien vivre chez sa marraine dans la rue d'à côté et revenir ici et que quand sa maman avait vu comme ses copains le regrettaient, elle avait décidé de rentrer avec lui. Moi, je ne sais pas comment il a su qu'il nous manquait parce que nous, on l'avait tous un peu oublié. Mais personne ne lui a dit, à Lionel, qu'on l'avait oublié. De toute façon il ne nous aurait pas crus.

La sortie de classe

Ce qui est bien avec les sorties de classe, c'est qu'on peut faire les zouaves dans le car, que l'on mange un pique-nique et que la maîtresse nous donne toujours un goûter et un souvenir. Cette année, avec le Bouillon (c'est notre surveillant) on est allés très loin, à Verdun.

C'est là où les Français ont gagné la guerre contre les Allemands. On n'était pas nés, papa non plus, mais Dominique disait qu'il connaissait parce que son grand-père avait gagné la bataille.

– *Dans la famille de Dominique, ils ont toujours tout gagné*, a dit Nicolas pour l'embêter, mais Dominique, il ne riait pas du tout. Il regardait la route à travers les fenêtres du car comme s'il voyait très loin des choses extraordinaires.

Mais cette fois-ci je crois que Dominique avait raison, parce que tout le monde s'est mis à dire que son grand-père était à Verdun et qu'il vivait dans un trou et qu'il avait gagné la bataille. En arrivant, d'abord, j'étais déçu, parce qu'il n'y avait même pas de chevaliers ni de château fort. Et puis après, une dame nous a raconté des histoires de soldats qui ne pou-

vaient pas boire et qui ne faisaient rien que de se faire tirer dessus par des canons énormes, et alors on a été tristes. Et puis, comme la maîtresse nous a donné un Coca, ça allait beaucoup mieux. Pour le pique-nique, on était dehors et il y avait plein de trous dans la terre. Laurent a dit qu'on pourrait jouer à la guerre et on a commencé à faire des équipes. Ségolène a pleuré parce qu'on lui a dit qu'elle ne pouvait pas jouer et que les filles, ça ne faisait pas la guerre, et puis Jean-Marie s'est mis à taper du pied parce que personne ne voulait être avec lui. Philippe faisait le cri de la chouette comme d'habitude et Dominique lui a dit qu'il en avait marre de ces histoires de guerres où les gens sont déguisés en jardinier. Dominique, il voulait être le général. Le maréchal même, il a dit, parce que c'est le plus fort. Mais Nicolas, Laurent et François voulaient aussi commander. Lionel, qui mangeait un peu plus loin son sandouiche, a dit que si on lui demandait de commander tout le monde, il accepterait, mais personne ne lui a répondu. Alors la maîtresse est venue nous dire avec l'air triste que ce n'était pas bien de jouer à la guerre parce que Verdun maintenant, c'était le symbole de la paix. Que tout à l'heure on ferait une photo de classe avec des petits enfants allemands et qu'il n'y avait plus besoin de trouver un maréchal, un général et un commandant parce que tout le monde s'aimait. Comme on n'aime pas quand elle à l'air triste, la maîtresse, on a arrêté de se disputer et on lui a dit qu'on trouverait un autre jeu. Ségolène nous a dit que c'était bien fait et Jean-Marie a dit qu'il avait prévenu qu'on se ferait gronder. Après, on est allés dans la campagne devant un musée où il y avait plein de canons pour prendre la photo. Les Allemands, ils sont arrivés en rang et devant il y avait une fille blonde qui s'appelait Angela et qui avait l'air d'être le chef. Ségolène, elle était contente de voir une fille devant tous les garçons, mais nous, on a été plus vite qu'elle pour dire bonjour à Angela.

On s'est encore fait gronder parce que sur la photo tout le monde voulait se mettre à coté d'Angela. Finalement, la maîtresse a choisi Dominique qui a commencé à lui raconter comment son grand père avait gagné la guerre de 14. Je pense qu'elle ne comprenait rien mais elle riait de voir Dominique faire des grands gestes. Quelques jours après, on a reçu la photo en classe. Dominique ressemble à la statue qu'il y a dans le square. Il regarde le ciel comme si il était sur un cheval. Nicolas et Ségolène boudent. Jean-Marie n'est pas dessus parce que la maîtresse l'avait puni. Laurent, François et Philippe, on ne les voit presque pas. Lionel, on le reconnaît bien avec sa tête de hibou, juste sur le côté comme s'il venait d'arriver.

La photo, on l'avait accrochée sur le panneau de la classe. Dominique aimait bien la regarder. Un jour le Bouillon l'a enlevée, il a dit que quelqu'un avait dessiné des moustaches, une canne et une cravate sur Dominique. Il a dit qu'il connaîtrait un jour le coupable. Dominique a dit qu'il voyait là un *« terrible affront »*. Moi, comme souvent quand il parle, je ne suis pas sûr d'avoir bien compris ce qu'il voulait dire.

La récitation

Aujourd'hui, on était très inquiets en rentrant dans la classe : c'était le jour de la récitation. La maîtresse nous avait dit comme ça qu'on pouvait choisir nous-mêmes le poème qu'on voulait réciter. Elle est chouette, la maîtresse, elle a dit que ça nous permettrait de développer notre i-ma-gi-na-tion.

Le premier qui a levé la main pour réciter, comme d'habitude, ça a été Dominique.

– *Un instant, je te prie*, lui a dit la maîtresse. *Il faut que tes camarades puissent aussi réciter.*

Dominique, il n'a pas entendu, parce que Nicolas, qui est à côté de lui en classe, lui avait fait un croche-pied et qu'il lui avait donné un coup de poing sur le nez :

– *Waterloo... Waterloo... Waterloo...*, il a commencé.

Il est bizarre, Dominique, quand il récite. Il prend une voix grave, comme mon oncle Octave, il se met la main sur le cœur, il roule des yeux terribles, comme M. Raimu dans *La Femme du boulanger*, même que papa dit toujours que c'est le plus grand acteur, et que maman trouve qu'il en fait un peu trop.

   – *Dominique, assieds-toi*, lui a dit la maîtresse. *Ce n'est pas encore ton tour de parler.*

Dominique s'est rassis en mettant sa main dans sa chemise, comme le jour où il était déguisé en Napoléon, pour l'anniversaire de Laurent. Il nous jetait des regards noirs en poussant des soupirs, comme le Bouillon quand il dit qu'il est « excédé ».

Ensuite, on s'est bien amusés, parce qu'il y en a qui s'étaient trompés. Ils avaient cru qu'ils pouvaient réciter des chansons, et que ça compterait.

   – *L'Amérique, l'Amérique*, a commencé Jack. *Je veux l'avoir et je l'aurai.*

   – *Tous les garçons et les filles de mon âge se promènent dans les rues deux par deux*, a récité Ségolène.

   – *Les gens m'appellent l'idole des jeunes*, a dit Nicolas. *Il en est même qui m'envient.*

La maîtresse a été gentille, elle ne les a même pas grondés. Elle a seulement dit de se taire, et elle a demandé que ne parlent que ceux qui avaient appris de vrais poèmes.

– *Waterloo… Waterloo… Waterloo…*, a dit Dominique.

– *Assis*, a dit la maîtresse. *Dominique, il n'y a pas que toi dans la classe. Que ceux qui ont appris une poésie lèvent le doigt.*

On n'était pas nombreux à avoir compris ce qu'il fallait faire. Olivier avait appris, lui aussi, une drôle de chanson avec des cerisiers qui donnent des fleurs toute l'année. Jean-Marie a proposé de raconter l'histoire d'un forban à qui peu importe la gloire, et qui boit du vin qui pétille avec des dames très gentilles, et la maîtresse lui a dit de se taire et qu'elle était horrifiée. Jean-Marie a dit que c'était toujours la même chose, que tout le monde pouvait parler, sauf lui.

– *Tiou, hou, c'est le cri du hibou*, a dit Philippe, avec sa voix qui siffle.

Alors, on s'est tous mis a pousser des cris d'animaux, ç'a été terrible. Laurent a fait le cheval, il a appris à l'imiter à son cours d'équitation à Longchamp. José a fait le cochon, comme dans la ferme de son oncle.

— *Cot, cot cot, codec*, a dit Ségolène

— *Cocorico*, a repris Nicolas.

C'est à ce moment-là que le directeur est arrivé.

— *Debout*, a dit la maîtresse.

— *Assis*, a dit le directeur. *Voyons, qu'est-ce qui se passe encore dans cette classe ?*

— *Les enfants faisaient un concours de récitation. Mais ils n'ont pas tous bien assimilé les consignes*, la maîtresse lui a expliqué.

Alors François a levé le doigt pour dire que lui, il avait bien compris la leçon, et qu'il avait appris un vrai poème. Il dit toujours qu'il n'y a que lui qui comprend vraiment ce que dit la maîtresse, François, et qu'il est le meilleur de la classe et qu'il devrait être le premier, mais quand le directeur vient nous rendre nos carnets, c'est toujours Nicolas et Ségolène qui ont les meilleures notes, et il dit que ce n'est pas juste, et que les notes sont truquées.

– *C'est bien, mon petit*, a dit le directeur. *Monte sur l'estrade pour montrer à tes camarades.*

Il était tout fier, François, il était moins timide que d'habitude. Il a dit qu'il avait appris un poème dc Jacques Prévert. En montant sur l'estrade, il a regardé Ségolène avec des yeux tout drôles. Il se tenait bien droit. Malheureusement, Nicolas, qui aime bien s'amuser et qui n'aime pas trop qu'on regarde Ségolène, lui a fait un croche-pied, et il est tombé sur l'estrade, et il s'est mis à saigner du nez.

Ségolène a dit qu'il fallait le soigner et qu'elle pouvait l'emmener à l'infirmerie. Laurent a dit que ça ne paraissait pas bien grave, et François a dit qu'il voulait d'abord réciter son poème. Le directeur était bien ennuyé, surtout que François lui avait mis du sang sur son veston. Il a dit que bon, d'accord, s'il ne se sentait pas trop faible, il pouvait essayer.

– *En sortant de l'école*, a commencé François… On n'entendait pas bien, parce qu'il se tenait un mouchoir sur le nez, et que ça lui faisait une voix bizarre.

C'est à ce moment-là que la cloche a sonné. Nous, on s'est tous levés, et on est sortis en criant dans la cour de récré. La maîtresse avait l'air fatiguée, comme les jours où elle nous emmène au musée. Le directeur a dit qu'il fallait qu'un volontaire accompagne François à l'infirmerie, parce que lui, il devait aller chez le teinturier. Dans la classe, il n'y avait plus que Dominique. Il avait une main sur le cœur, et l'autre tendue vers le directeur, comme s'il était en train de se noyer

– *Waterloo… Waterloo… Waterloo…* il continuait de répéter. Il n'avait pas remarqué que plus personne ne l'écoutait.

La partie de foot

Comme le papa de Lionel aime bien le foot, on se retrouve souvent le samedi dans le grand parc qui est à côté de la mairie pour faire une partie. Les premières fois, on croyait que c'était seulement pour s'amuser, mais le papa de Lionel est très sérieux et il a acheté des maillots bleus et des maillots rouges qu'il apporte dans un grand sac avec trois ballons et des plots rouge et blanc qui normalement servent pour les travaux dans la rue. Maintenant, tout le monde vient, même ceux qui ne jouent pas comme Ségolène, parce que les filles sont nulles au ballon, ou Laurent, parce qu'il n'aime pas trop les jeux où il y a des équipes. Avant, quand il y avait Raffarin, c'était drôle, parce qu'il faisait toujours le clown quand il était goal, mais maintenant il est parti très loin et je crois qu'il ne va pas revenir. Aujourd'hui, c'est Dominique et Nicolas qui ont été tirés au sort. Le papa de Lionel a fait Amstramgram et c'est tombé sur eux. Ils ont avancé chacun l'un vers l'autre en faisant des petits pas et c'est celui qui a marché le premier sur le pied de l'autre qui a dû commencer. C'est Nicolas qui a gagné. Il a choisi Philippe, François, Olivier et Laurent, juste pour l'embêter parce qu'il savait que Laurent n'aime pas jouer. Dominique a dit Jack, Olivier, José et Lionel et il a râlé parce que Nicolas lui avait pris toute son équipe comme d'habitude.

— *C'est toujours pareil, personne veut jouer avec moi*, a crié Jean-Marie. *Pour la peine je serai tout seul contre vous tous.*

— *C'est pas juste pour Jean-Marie*, a dit Ségolène qui était venue avec sa maman et ses frères. Le papa de Lionel a expliqué qu'on ne pouvait pas jouer tout seul, mais que Jean-Marie pouvait être remplaçant ou arbitre. Alors, Jean-Marie a dit qu'il voulait bien être arbitre et qu'il allait faire perdre ceux qui ne

seraient pas gentils avec lui. Comme Philippe disait que
« c'était idiot », Jean-Marie lui a lancé le ballon sur la tête. Philippe l'a évité et c'est Nicolas qui l'a reçu. Il est tombé par terre
et au début on a cru qu'il s'était évanoui, mais en fait il faisait
juste des grimaces comme les joueurs à la télé quand ils tom-
bent, mais il ne pleurait même pas. Le papa de Lionel nous a
demandé d'être fair-play et nous a expliqué que le sport était
comme un goûter qu'on partage. On n'a pas très bien compris,
mais on a commencé à jouer en laissant Jean-Marie qui boudait
et Ségolène qui ramassait des marguerites. C'est Lionel qui
était le plus fort, il prenait toujours la balle dans les pieds des
autres et la donnait ensuite à ceux de son équipe, qui voulaient
toujours la garder pour eux. Dominique courait partout en donnant des ordres parce qu'il était le capitaine et Nicolas s'amusait à lui faire passer la balle entre
les jambes. Celui qui n'y arrivait
pas trop, c'était François. On lui
donnait pas souvent le ballon et il
tentait toujours des shoots impos-
sibles. Le papa de Lionel regardait

sur sa montre et sifflait parfois pour nous dire des choses. Dès qu'un de nous marquait un but, il mettait une croix à côté de son nom sur son carnet et il a dit qu'à la fin de l'année il nous donnerait autant de bonbons que nous aurions de croix. François, il était triste parce qu'il avait jamais marqué de but. Même Laurent, qui n'aimait pas ce jeu, avait trois croix. Même Jean-Marie, qui souvent n'avait pas d'équipe.

Le match était bientôt fini et on était 2 à 2. On en avait tous un peu marre de courir et il n'y avait que Lionel qui dribblait comme si il jouait sur un vrai terrain. Quand il est arrivé devant François, il a voulu passer à côté de lui, mais il est tombé en criant et il a perdu le ballon. Alors François a couru très vite avec le ballon vers le but. Comme il était tout près, et qu'il n'y avait plus de goal, il a tiré très fort et il a marqué. Il a levé les bras en criant « *Ouais !* » le plus fort possible, mais quand il s'est retourné, il a vu que personne ne le regardait et que tout le monde était autour de Lionel. Le papa de Lionel était tout blanc et il disait :

– *Ça va aller, ça va aller.* Nous, on voyait que Lionel avait mal et commençait même à pleurer. Alors le papa nous a dit de rester avec lui et qu'il allait appeler les pompiers. Il est allé dans la maison du gar- dien du parc et il est revenu en courant.

François est venu vers lui pour lui dire de mettre une croix à coté de son nom parce qu'il avait marqué un but mais le papa de Lionel ne l'a pas entendu, il répétait encore :

– *Ça va aller, ça va aller.*

Le lundi à l'école, la maîtresse nous a dit que Lionel avait la jambe cassée et qu'il allait revenir avec un plâtre. Nous on n'avait jamais vu une jambe cassée, et on a dit qu'il avait trop de chance, parce qu'il pourrait écrire dessus.

Dominique a dit que c'était « *un héros, un vrai, comme Napoléon* ». La maîtresse nous a dit qu'on allait lui préparer un beau cadeau. Elle est vraiment gentille, la maîtresse, mais je crois qu'elle n'a pas compris pourquoi François avait l'air si triste. Après tout, ce n'était pas vraiment sa faute si Lionel s'était blessé.

Nicolas est candidat

*M*es enfants, a dit la maîtresse, *il faut que vous acquerriez le sens des res-pon-sa-bi-li-tés. Cette année, M. le direc-teur a décidé que pour vous représenter, nous organiserions l'élection d'un délégué de classe.*

Nous, on n'a pas tout de suite compris de quoi il s'agissait. La maîtresse nous a expliqué que le délégué de classe serait chargé de nous représenter auprès de M. le directeur, pour lui donner notre opinion sur la vie à l'école. Qu'il serait chargé de faire connaître nos « *as-pi-ra-tions* ».

– *Est-ce que le délégué pourra demander à ce qu'on ait plus de récrés ?* a dit Jack.

– *Est-ce que c'est lui qui écrira dans les carnets ?* a demandé Dominique.

– *Est-ce qu'il choisira les menus à la cantine ?* a demandé José.

La maîtresse a dit que non, qu'on verrait, et que pour l'instant il fallait que chacun réfléchisse, et que ceux qui étaient volontaires pour être délégués expliquent pourquoi à la classe.

Jean-Marie a demandé si tout le monde pourrait se présenter, parce que sinon, ce ne serait pas juste, parce que lui, on ne voulait jamais qu'il se présente, et comme ça, il ne pourrait jamais être élu.

François a dit que tous les candidats devaient pouvoir s'exprimer à égalité. Parce qu'il dit souvent que Nicolas et Ségolène sont les chouchous de la maîtresse, même qu'ils sont les premiers de la classe alors qu'il n'y a pas de raison.

Lionel a demandé à prendre la parole, et il a fait tout un discours. On n'a pas très bien compris ce qu'il voulait dire, parce que c'était trop compliqué.

Laurent a expliqué que ça lui paraissait normal que ça soit lui, le délégué, parce qu'il avait des « *facilités* ».

Ségolène a dit qu'elle était plus gentille et plus soigneuse que les garçons, et qu'une fille pourrait mieux aider la maîtresse, parce qu'elles se comprendraient.

Jean-Marie a dit que ce serait une catastrophe s'il n'était pas élu délégué, parce que c'était vraiment une dernière chance pour la classe et qu'après, ce serait bien trop tard.

Philippe a dit qu'on ne pouvait pas élire quelqu'un qui est toujours au piquet.

Dominique a dit qu'il refusait de se présenter, parce qu'il voulait susciter autour de lui un vaste rassemblement.

José et Olivier discutaient au fond de la classe, pour savoir lequel des deux se présenterait. Finalement, ils ont dit qu'ils seraient tous les deux volontaires pour mieux représenter leur sensibilité.

Jack a promis qu'avec lui la classe serait plus gaie. Même qu'il partagerait ses Malabar.

Alors, Nicolas a levé le doigt pour prendre la parole. Il a dit qu'il avait les meilleures notes, et qu'il courait le plus vite, et qu'il n'allait jamais au coin, et qu'alors il était le mieux placé. Il a dit à Ségolène qu'il la protègerait, et à François qu'il tiendrait compte de ses conseils. Il a dit que Jean-Marie avait raison, mais qu'il avait trop mauvais caractère, et qu'il veillerait à ce qu'il ne soit pas toujours au piquet. Il a dit à Laurent qu'il aimait les voitures de course, et à José qu'il aimait l'odeur du foin à la campagne. Il a dit à Lionel qu'il était le meilleur au foot, et à Jack qu'il était un artiste. Il a même demandé à la maîtresse pourquoi elle n'était pas directrice. Il n'y a qu'à Dominique qu'il n'a pas parlé.

Nous, on était épatés. Il parlait aussi bien que M. le directeur, et on s'est même demandé s'il ne devrait pas prendre tout de suite sa place.

Alors, la maîtresse nous a dit de prendre un petit papier, et d'écrire dessus le nom de celui que nous avions choisi comme délégué. Ségolène est passée dans les rangs avec le chapeau de la maîtresse, et on a tous voté.

– *Nous allons procéder au dépouillement*, a dit la maîtresse.

Dominique avait l'air très agité, il sautait sur sa chaise en tournant la tête de tous les côtés. François avait l'air satisfait, comme quelqu'un qui sait que c'est son anniversaire et qu'on va lui faire une surprise. Laurent baissait les paupières. Nicolas avait l'air d'avoir très chaud.

La maîtresse a demandé à François et à Ségolène de venir à côté d'elle. Elle a expliqué que François devrait tirer l'un après l'autre les papiers du chapeau, et que Ségolène dirait à voix haute le nom qui serait marqué.

François a tiré le premier papier :

– *Nicolas !* a dit Ségolène.

On a entendu un grand cri dans la classe. C'était Dominique, qui avait l'air tout chose. Nicolas, lui, il souriait comme quand il a marqué un but au foot.

François a tendu un second papier.

– *Dominique !* a dit Ségolène.

On a à nouveau entendu un grand cri. C'était encore Dominique. Mais cette fois, il avait l'air tout content. Nicolas fronçait les sourcils d'un air ennuyé.

François a tiré un troisième papier.

– *Jean-Marie !*

Ça, ça a étonné tout le monde, et on s'est demandé qui avait voté pour lui parce que d'habitude personne ne veut jouer avec lui. Lui, il n'avait pas l'air surpris. Il n'avait même pas l'air plus content que ça, comme s'il pensait avoir plein de voix.

– *Ségolène*, a dit Ségolène.

Et là, on a vu qu'elle était drôlement contente que quelqu'un ait pensé à elle, même que je trouve que ça la rendait très jolie.

Après, dès que François tirait un papier et que Ségolène disait un nom, c'était comme si la maîtresse faisait l'appel : Laurent, Jack, François, José, Lionel, et même Philippe et

Olivier. On avait tous eu une voix. Moi, c'est vrai que j'avais voté pour moi.

On ne savait pas trop si on avait tous gagné ou si on avait tous perdu. Au début, la maîtresse marquait nos noms au tableau avec un petit bâton en face. À la fin, elle s'est découragée, parce qu'il y avait toute la classe et que tout le monde avait une voix. Elle nous a dit qu'on avait mal compris, et que pour cette année, on allait annuler l'élection.

La classe de neige

Maman m'a dit que j'avais beaucoup de chance, parce qu'avec mon école nous sommes allés en classe de neige à Saint-Gervais. C'était drôle de voir toute la classe avec des moufles et des bonnets sur le quai de la gare, alors qu'il ne faisait même pas froid. Jack avait une combinaison vert fluo, avec un skieur dessiné dans le dos. Il avait des drôles de lunettes noires, qui lui masquaient tout le visage, on ne voyait même pas ses yeux, on aurait dit un moniteur. José avait un gros pull blanc en poil de chèvre, comme s'il s'était déguisé en berger. Laurent avait des lunettes argentées, on pouvait se voir dedans comme dans une glace. Il avait des après-ski de la même couleur que son manteau et son pantalon. Quand on a dit à Jean-Marie qu'il allait avoir froid dans son ciré, il a dit qu'un Breton n'avait jamais froid. Ségolène avait des écouteurs en fourrure blanche sur les oreilles, et un bel anorak rose. Ce qui était chouette, c'est que sa maman lui avait fait un collier pour y mettre son tube de crème pour les lèvres. Philippe était en pantalon de velours noir, on n'avait pas l'impression qu'il allait au ski. Sa maman lui avait dit que ça irait très bien comme ça, et que c'était imperméable. C'était le seul qui était venu avec ses skis, parce qu'ils venaient de son grand-père, et que comme ça, il n'aurait pas besoin d'en louer sur place.

On a passé toute la nuit dans le train, c'était un train spécial, avec des lits pour dormir. Nicolas voulait être sur le lit d'en haut, et Dominique aussi. Le Bouillon (c'est comme ça qu'on appelle notre surveillant) a dit « *regardez- moi bien dans les yeux* » et qu'on était priés de ne pas faire la foire. Quand le conducteur du train a éteint la lumière, Jean-Marie a poussé des grognements de cochon, et le Bouillon n'est pas arrivé à savoir qui c'était, parce qu'il n'est pas très fort pour reconnaître les voix. Mais nous, on était fatigués, et on s'est endormis.

Quand on est arrivés le matin, on est allés jusqu'à un chalet de bois, qui s'appelait les Écureuils, et où il y avait une vieille dame, qui nous a dit qu'il fallait l'appeler Tante Denise. Dominique a dit au Bouillon que ce n'était pas sa tante, et Laurent a dit qu'il trouvait ça un peu familier. Le Bouillon leur a dit de ne pas faire tant d'histoires, et qu'elle était bien gentille d'accueillir notre classe.

Quand on est allés sur les pistes, au début, on avait un peu peur. Il y avait un remonte-pente avec un moniteur en rouge qui nous tendait les perches en criant : « *Avancez, avancez !* » Ça

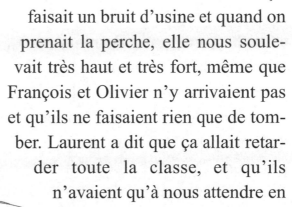

faisait un bruit d'usine et quand on prenait la perche, elle nous soulevait très haut et très fort, même que François et Olivier n'y arrivaient pas et qu'ils ne faisaient rien que de tomber. Laurent a dit que ça allait retarder toute la classe, et qu'ils n'avaient qu'à nous attendre en bas, mais Ségolène a dit que ce n'était pas bien et qu'on n'avait qu'à prendre plutôt le télésiège avec eux, parce que ce serait plus facile, et qu'il fallait être solidaire.

— *Ségolène a raison, et vous devriez prendre exemple sur elle*, a dit le Bouillon.

Il était drôle, le Bouillon, il n'avait pas son costume noir de l'école, mais un chouette survêtement bleu marine, avec des bandes grises, et un grand béret de berger qu'il portait sur le côté de la tête. Il nous a dit que c'était un costume qu'il avait gardé de quand il était militaire, parce qu'à l'armée, il était chasseur. José a dit qu'il trouvait ça lamentable qu'on tue des ani-maux, mais le Bouillon n'a pas entendu parce que Dominique lui demandait si on pouvait l'ap-peler « *mon colonel* » et lui faire le salut militaire. Le Bouillon lui a répondu que non, mais il ne l'a pas grondé et même il souriait en tirant sa moustache.

Quand on est arrivés au sommet de la montagne, le colonel nous a dit que le panorama était superbe et qu'il attendait de nous une discipline impeccable, mais on n'a pas tout entendu, parce qu'on avait commencé à descendre tout schuss en poussant des grands cris. Nicolas allait très vite en disant « *Plus vite que ça, s'il vous plaît.* » Dominique, qui va souvent au ski en Suisse, il sautait sur les bosses en criant « *Je vole !* » Le colonel n'a pas pu nous rattraper, parce qu'il fallait qu'il attende François et Olivier, qui ne faisaient que de tomber, et qu'il fallait qu'il leur remette leurs skis, en défaisant leurs fixations qui s'emmêlaient. On s'est bien amusés, on montait et on redescendait sans cesse en télésiège, et quand on passait à côté du colonel et de François et Olivier, on poussait des petits cris en faisant déraper nos skis pour leur envoyer de la neige. Le colonel, lui aussi, il essayait de nous dire des choses, et il nous faisait des signes, mais on n'a pas compris parce qu'on allait trop vite. Nicolas et Dominique faisaient toujours la course, et Laurent et Jack essayaient de se couper la route. Ségolène, elle était belle, dans son anorak rose, et tout le monde essayait en cachette d'être à côté d'elle sur le télésiège.

Le soir, on a retrouvé le Bouillon en bas de la piste avec Olivier et François. Il ne nous a pas demandé si on s'était bien amusés, et quand on lui a fait le salut militaire, ça n'a pas eu l'air de trop lui plaire. Il avait l'air très fatigué, c'est bizarre, parce qu'il n'avait descendu qu'une seule fois la piste. Il nous regardait avec ses yeux ronds, mais sans nous dire « *Regardez-moi bien dans les yeux* » comme d'habitude. Il hochait la tête comme s'il avait envie de pleurer. Le problème, c'est que quand on est allés reprendre le petit train pour aller boire le thé

au citron de Tante Denise et pour écrire des cartes postales à nos papas et à nos mamans, on s'est aperçus qu'on avait perdu Jean-Marie et Philippe. Le Bouillon, cette fois, ça l'a mis très en colère de ne pas savoir où ils étaient

– *Ils me fatiguent, ils me fatiguent*, il répétait.

Ségolène a dit que c'était normal qu'ils se perdent, parce que Jean-Marie n'obéissait jamais et qu'il ne respectait pas les règles et que comme Philippe voulait tout faire comme lui, il l'avait sûrement suivi. Ce qui nous faisait peur, à nous, c'est que la nuit commençait à tomber et que si on ne les trouvait pas, on allait peut-être sauter le goûter. Au bout d'un moment on les a quand même vus arriver tenant la main d'un moniteur tout en rouge comme ceux qui donnent les perches au remonte-pente. Le moniteur a expliqué qu'ils étaient restés coincés sur le télé-siège alors que c'était fermé et qu'il n'y avait plus personne et qu'on allait tout arrêter pour la nuit. Ils avaient dû crier très fort pour qu'on les entende. Le Bouillon leur a dit que c'était un scandale, et qu'ils étaient insupportables et que pour la peine ils resteraient au chalet les jours suivants pour faire des punitions. Philippe avait l'air tout triste et Jean-Marie s'est mis à crier que ce n'était pas juste, qu'on avait voulu les abandonner, qu'il le dirait à ses parents et à la maîtresse et à Tante Denise.

Dans le petit train pour rentrer, on n'a pas chanté ce soir-là. On était tous tout rouges et très fatigués. Le Bouillon ressemblait à l'écrevisse qui est dessinée sur l'affiche de la classe. Après, il était trop tard pour boire le thé au citron de Tante Denise. On a dû aller tout de suite dans la salle à manger pour faire nos devoirs.

Philippe et Jean-Marie, ils devaient écrire cent fois « *Je dois apprendre à obéir.* »

Nous, on sait que les lignes, ça ne sert à rien, parce que Philippe et Jean-Marie ils ne sont pas comme nous : ils n'arriveront jamais à obéir.

On a tiré les rois

Aujourd'hui, à l'école, il y avait de la brioche, et on a tiré les rois.

— *Mon papa*, a dit Philippe, *il dit toujours que chez nous, les rois, ça ne se tire pas, ça se fête.*

— *Chez moi*, a dit Jack, *ma maman met une fève dans chaque part, pour que personne ne soit triste de perdre.*

— *Mon papa*, a dit Olivier, *il dit que les rois, ça ne sert à rien, qu'à regarder travailler les serfs et les vilains en mangeant du poulet avec les doigts.*

— *Moi, mon papa me choisit toujours comme reine*, a dit Ségolène

— *Moi je trouve qu'on devrait faire une élection pour qu'on puisse choisir le meilleur comme roi*, a dit Nicolas.

— *Les rois étaient très bien habillés*, a dit Laurent. *Sauf Louis XI, qui avait un chapeau ridicule.*

La maîtresse avait apporté elle-même dans la classe une jolie brioche avec des fruits confits et des grains de sucre blanc, et une belle couronne en or. Elle nous a dit que c'est le plus petit qui irait sous la table pour dire les noms de ceux qui pourraient en manger. Ça nous a étonnés parce que d'habitude, c'est Jean-Marie qui est le plus souvent sous la table, mais c'est pour envoyer des boulettes de papier avec son stylo-bille, et il se fait souvent gronder.

Le plus petit, chez nous, c'est Olivier, qui a des joues de bébé et toujours l'air d'avoir été coiffé par sa maman pour sa communion, même s'il ne l'a pas faite, parce que son papa n'aime pas ça.

– *J'irai pas*, il a dit. *Parce que moi, j'aime pas les rois.*

La maîtresse lui a demandé si il ne voulait pas manger de brioche, et Olivier a dit que si, mais qu'il ne voulait pas aller sous la table pour ça. Alors la maîtresse a désigné François, qui a dit que lui, il voulait bien tirer les rois.

– *Pour qui celui-là* ? a demandé la maîtresse, après avoir coupé la première part.

– *Pour Ségolène*, a dit François.

– *C'est très galant, très délicat*, a dit la maîtresse. *Pour qui celui-là ?*

– *Pour la maîtresse*, a dit François.

La maîtresse est devenue toute rouge, et elle a dit que c'était gentil de penser à elle.

– *Pour qui celui-là ?*

– *Pour moi*, a dit François.

Laurent, qui avait vu que c'était justement la part où il y avait la fève, parce qu'elle dépassait un peu de la brioche, a demandé à la maîtresse si c'était régulier que François donne son nom avant ceux des autres de la classe.

– *De quoi tu te mêles ?* a demandé François. *Tu n'as qu'à aller sous la table à ma place !*

Alors Jean-Marie a demandé si tout le monde aurait une part égale, parce que comme souvent personne ne veut jouer avec lui, ce ne serait pas juste s'il n'avait pas de galette des Rois.

– *Arrête de faire toujours des histoires*, lui a dit Nicolas.

Alors François est sorti de sous la table en disant que puisque c'est comme ça, il n'allait pas rester toute l'après-midi là. Seulement en se levant, il a renversé l'assiette, et fait tomber toutes les parts de brioche par terre. Tout le monde s'est précipité pour avoir un morceau, et Jean-Marie en a profité pour prendre la part de François.

– *C'est moi qui ai la fève !* a crié Jean-Marie, *c'est moi qui suis le roi !* Et il a pris la couronne, et il se l'est mise sur la tête

– *Non monsieur, non monsieur*, a dit François.

Comme François essayait de lui reprendre sa couronne, Jean-Marie lui a donné un coup de poing en disant qu'il n'était pas du genre à se laisser détrôner par un félon, et que lui, les traîtres, il savait les châtier, et qu'on allait voir ce qu'on allait voir. Ségolène, elle pleurait, parce qu'elle n'aime pas les disputes et qu'elle disait que s'il n'y avait pas de roi, personne ne la choisirait comme reine.

– *Assez !* a dit la maîtresse.

Elle a dit à Jean-Marie et à François de se mettre chacun à un coin de la classe et elle a remis les parts de la brioche en ordre sur le plat, et elle les a distribuées elle-même sans que personne aille sous la table.

Nicolas a demandé si c'était bien normal, mais il n'a pas insisté parce que justement, c'est lui qui a eu la fève. Il avait l'air tout content quand il l'a sortie de sa bouche, ça lui donnait même un air gentil. Comme on était redevenus sages, la maîtresse a permis qu'il choisisse une reine. Nous, on croyait tous

que ce serait la maîtresse, parce qu'elle est chouette, la maîtresse, elle organise souvent de petites fêtes pour la classe,
comme par exemple de tirer les rois. Nicolas, il a un peu hésité,
et puis il a donné la couronne à Ségolène.

Ségolène, elle avait l'air toute surprise, et toute contente.
Elle a donné la main à Nicolas.

– *Vive la reine Ségolène !* on a tous crié.

Nicolas aussi, il avait l'air content. Même s'il est un peu
inquiet parfois, parce qu'elle aussi, elle voudrait être premier de
la classe, je crois qu'au fond, il l'aime bien, Ségolène.

On a eu l'inspecteur

On a eu l'inspecteur. Ce matin la maîtresse avait mis sa plus jolie robe, celle qu'elle avait l'an dernier pour la fête de l'école. Le Bouillon avait son costume sombre. Il avait l'air serré dans sa cravate. Il était rouge comme mon oncle Jules, les soirs de réveillon. Il roulait des yeux terribles. Il nous a dit :

— *Aujourd'hui, ce n'est pas le jour de faire les marioles.*

Nous, on a tout de suite compris qu'il y avait quelque chose de grave, parce qu'on venait juste d'arriver et que c'est rare que le Bouillon nous gronde avant même qu'on ait commencé à faire les guignols. José a rangé la pipe qui fait des bulles que son papa lui avait achetée au magasin de farces et attrapes. Il ne voulait pas se la faire confisquer. Philippe a mis dans son cartable la nouvelle sarbacane qu'il était en train de me montrer. Laurent et Jack ont caché la feuille sur laquelle ils jouaient au pendu dans leur casier. Nicolas et Dominique ont arrêté de se disputer.

La porte s'est ouverte et le directeur est entré.

– *Debout*, a dit la maîtresse.

– *Assis*, a dit le directeur.

Lui aussi, il avait un air bizarre. Il nous a expliqué que l'inspecteur allait venir dans la classe, et qu'il se mettrait au dernier rang. Ça, ça nous a étonnés. D'habitude, c'est Philippe et Jean-Marie qui se mettent au dernier rang pour chahuter. Le directeur nous a dit que l'inspecteur aimait bien poser des questions. Qu'il faudrait que pour une fois, nous soyons bien sages, et qu'on lui réponde poliment en disant « *Monsieur l'inspec-teur* », et qu'il n'y avait pas de raison pour que cela ne se passe pas bien, qu'il suffisait que l'on soit naturels.

Dominique a pris l'air sérieux, les bras croisés. Il a dit qu'il était prêt à répondre à toutes les questions que l'inspecteur voudrait lui poser. Nicolas lui a demandé s'il allait réciter un poème, parce que ça nous donnerait une occasion de rigoler. Ségolène leur a dit d'arrêter de se disputer, et qu'ils devraient avoir honte de faire de la peine à la maîtresse. Laurent a dit que les filles se mêlaient toujours de ce qui ne les regardait pas, et que c'était fatigant à la fin. Jack a dit que Ségolène avait raison, et qu'elle pensait toujours aux autres, pas comme Laurent qui croyait être plus malin que tout le monde avec son manteau neuf et ses chaussures de grand.

– *Moi aussi, je peux répondre aux questions*, a dit François, mais personne ne l'écoutait.

À ce moment-là, il y a eu un grand bruit au fond de la classe. C'était Jean-Marie et Philippe qui s'étaient cachés sous leurs tables et qui s'envoyaient des boulettes de papier.

Le directeur a poussé un grand soupir, et il est sorti de la classe en disant que ce n'était pas gagné.

Tout à coup, la porte s'est ouverte, et un monsieur presque chauve est entré.

– *Debout*, a dit la maîtresse.

– *Assis*, a dit l'inspecteur.

Il est allé s'asseoir au fond, entre Philippe et Jean-Marie, comme l'avait dit le directeur.

La maîtresse a commencé la leçon, elle était très rouge.

– *Ce matin, nous faisons de l'instruction civique*, elle a expliqué.

La maîtresse a commencé à parler, elle nous a dit qu'on allait élire un président qui serait le chef des Français. Mais l'inspecteur l'a interrompue presque tout de suite.

— *La pédagogie d'aujourd'hui doit être interactive*, il a
expliqué.

Il est monté sur l'estrade et il nous a demandé si l'un de nous
voulait être président de la République.

— *Ouaiiiis !* on a tous répondu.

Alors, Dominique s'est levé, il a dit qu'il était prêt à faire
don de sa personne à la France, comme Napoléon l'avait fait.
Nicolas l'a interrompu en disant qu'il était le
premier de la classe, et qu'il était normal que
ce soit lui le président des Français. Jean-
Marie a dit qu'il était lc plus fort. Il a commencé à faire des pompes claquées. Philippe
a dit que normalement, on devrait plutôt élire
un roi des Français, et que dans sa famille, on
y était mieux préparé parce qu'on avait l'habitude de vivre dans des châteaux forts,
comme les chevaliers. Ségolène a demandé
pourquoi c'était toujours les garçons qui
commandaient, parce qu'à son avis, il vau-
drait mieux élire une présidente, et qu'alors

elle était la seule qui pouvait se présenter. Olivier n'avait pas tout compris, il disait que tout le monde devait être président en même temps. Laurent a répondu que ce serait une jolie pagaille, et Lionel a dit que si on lui demandait poliment, lui, il accepterait.

L'inspecteur a enlevé se lunettes, il s'est essuyé le front.

— *Un peu de calme, les enfants*, a dit la maîtresse.

— *Ne parlez pas tous à la fois*, a dit l'inspecteur. *Et on lève le doigt pour être interrogé. Qui peut expliquer pourquoi il veut devenir président ?* il a demandé.

— *Pour redonner une ambition à la classe*, a dit Dominique.

— *Pour que tout le monde arrête de se disputer*, a dit Ségolène.

— *Pour remettre de l'ordre dans la classe, et mettre à la porte ceux qui n'ont rien à y faire*, a dit Jean-Marie.

— *Parce que je suis le plus capable*, a dit Nicolas.

– *Parce que je le vaux bien*, a dit Jack.

– *Parce que c'est classe*, a dit Laurent.

– *Montjoie Saint-Denis !* a crié Philippe.

La maîtresse était de plus en plus rouge, elle nous a regardés comme si elle allait pleurer, alors nous, on s'est mis bien droit sur nos chaises et on lui a dit qu'on ne voulait même pas être présidents, que c'était juste pour rire, parce qu'il y avait l'inspecteur, et même qu'on préférait, comme d'habitude, passer la classe à nous jeter des boules de papier sans rien écouter. Parce

qu'elle est chouette, la maîtresse, et on ne voudrait pas qu'elle se fasse gronder.

François n'avait rien dit depuis le début, mais moi je l'ai entendu parce que j'étais tout à côté. Il faisait un drôle de sourire, les yeux baissés, et dans son coin, il murmurait : « *N'empêche, moi je le sais, qu'un jour, je serai président de la République.* »

Philippe a tout copié

Ce matin, la maîtresse nous a dit que nous allions avoir à faire un « *devoir sur table* ». Laurent lui a fait remarquer que nous, les devoirs, nous ne les faisions jamais sous la table, même quand on ne nous l'avait pas demandé. La maîtresse lui a fait les gros yeux, elle lui a dit qu'il ferait mieux de ne pas faire le malin et d'écouter. Dominique a dit que dans sa famille tout le monde avait toujours fait son devoir, même que c'est son père qui l'avait dit à table. Nicolas lui a dit qu'on commençait à en avoir soupé, de sa famille, et Ségolène leur a dit d'arrêter de se disputer.

– *Silence*, a dit la maîtresse. *Vous feriez mieux de réfléchir à votre devoir sur table. Ce sera une rédaction, dans laquelle vous raconterez l'histoire de l'homme célèbre de l'histoire de France à qui vous aimeriez ressembler.*

Jack a demandé si ça pouvait être un chanteur, parce que lui, il aurait aimé être Charles Trenet. Nicolas a dit qu'il était sûr que Dominique allait faire Napoléon.

– *Tu es jaloux, parce que tu n'as personne de célèbre dans ta famille*, a répondu Dominique. Nicolas a dit que ça lui ferait mal que Napoléon soit de la famille de Dominique.

– *Assez !* a dit la maîtresse.

– *Est-ce qu'on peut prendre une fille ?* a demandé Ségolène. *Parce que je trouve que ce n'est pas normal que ce soient toujours les garçons qui servent de modèles aux rédactions.*

La maîtresse a dit que bien sûr, et Ségolène a dit qu'elle hési-
tait entre Jeanne d'Arc et Brigitte Bardot.

— *Moi, je vais raconter l'histoire de Charles Martel*, a dit
Jean-Marie.

— *Et moi celle d'Henri IV*, a dit François. *Parce qu'Henri IV,
il est de mon village.*

Moi, je croyais qu'il était mort, Henri IV, mais je ne lui ai
pas posé de question, à François, parce qu'il croit facilement
qu'il sait des choses que les autres ne savent pas.

On s'est tous mis au travail, parce que la maîtresse nous a dit
qu'il fallait qu'on remplisse quatre pages. Dominique a ramené
ses cheveux en arrière et mis son front dans sa main gauche. Il
faisait des grandes arabesques avec son stylo, comme s'il avait
livré bataille avec les quatre mousquetaires à la fois. Nicolas
écrivait très vite, en mettant sa main devant son devoir, pour
être sûr qu'on ne le copie pas. Ségolène écrivait d'une jolie
écriture ronde, en s'appliquant pour ne pas faire de taches.

Au bout d'une heure, la maîtresse a claqué dans ses mains et
elle a ramassé les devoirs. Dominique a écrit jusqu'à la dernière
seconde, en mettant des ajouts dans les marges. Laurent avait

fini depuis longtemps. Il nous a dit qu'il avait raconté l'histoire de Mazarin, qu'il avait lue pendant les vacances dans la propriété de ses grands-parents, à Deauville, dans « Les belles histoires de l'Oncle Paul ».

Le lendemain, quand nous sommes entrés dans la classe, la maîtresse avait les yeux rouges, et le directeur était là.

– *Mes enfants*, a dit la maîtresse, *je vais vous rendre vos devoirs. Je dois vous dire que la qualité est inégale. Mais il y a beaucoup plus grave.*

– *En effet*, a dit le directeur : *l'un de vous a copié sur l'un de ses camarades.*

– *Philippe et Jean-Marie*, a dit la maîtresse, *comment se fait-il que vous ayez rendu le même devoir ?*

– *C'est lui qui a copié*, a dit Jean-Marie. *J'avais dit que je ferais Charles Martel. Il ne fait que de copier sur moi !*

– *C'est pas vrai*, a dit Philippe. *Charles Martel est à tout le monde, et je l'ai bien mieux raconté que toi.*

Le directeur a dit que pour cette fois, il se contenterait de leur mettre un zéro à tous les deux, mais que la prochaine fois ce serait le renvoi. Jean-Marie a dit que c'était pas juste, que

c'était toujours lui sur qui ça retombait, et que Philippe était un sale copieur. Philippe lui a dit que c'était de sa faute, parce qu'il disait trop de gros mots et que, dans sa famille, on ne l'avait pas attendu pour parler de l'histoire de France.

La maîtresse a félicité Ségolène parce qu'il n'y avait pas trop de fautes d'orthographe dans son devoir, mais elle lui a dit qu'il fallait qu'elle sache que Jeanne d'Arc n'avait pas succédé à Charles VII, et qu'elle n'avait pas été couronnée reine à Reims. Elle a dit à Dominique que c'était bien mais que Napoléon avait fini par quitter la Corse, et qu'il fallait qu'il résume plus la prochaine fois, parce qu'il n'avait jamais le temps de finir ses devoirs.

François était déçu, parce qu'il n'avait pas la moyenne. Il dit toujours qu'il va avoir la meilleure note et après il dit que c'est parce que Nicolas et Ségolène sont les chouchous de la maîtresse. Je crois que ce n'est pas vrai, parce que cette fois Nicolas avait un deux, même qu'il faisait une drôle de tête. On avait l'impression qu'il allait se mettre à pleurer.

– *Ce n'est pas un drame, Nicolas, mais tu n'as pas compris le devoir. Ta copie est absolument hors sujet.*

Dans la cour, nous, on lui a demandé qui il avait choisi, comme héros de l'histoire de France.

Quand il m'a dit que c'était Superman, moi j'ai trouvé ça chouette, et je n'ai pas compris pourquoi ça n'avait pas plu à la maîtresse. Peut-être parce qu'à l'école, c'est défendu de grimper aux arbres.

Le musée des Arts premiers

Ce qui est bien quand on a une sortie à Paris, c'est que l'on doit prendre l'autobus ou le métro. Cette année, la maîtresse nous a dit qu'elle allait nous emmener au musée, mais pas un musée avec des tableaux comme il y en a dans l'appartement de Laurent, mais un nouveau musée avec des masques et des coiffures d'Indiens. Nous, on a trouvé ça chouette et on a demandé s'il y aurait des clowns et des cow-boys mais la maîtresse nous a dit que non et que l'on verrait bien. Comme on partait pour toute la journée, maman m'avait préparé un pique-nique. On a d'abord pris le métro et le Bouillon, qui était venu avec la maîtresse, nous a dit qu'on allait passer sous la Seine. Nous, on aime bien aller dans le métro, avec le dessin du lapin qui se fait coincer les doigts dans la porte. Quand on passait dans les tunnels, on lisait tous en même temps ce qu'il y avait de dessiné sur les murs. C'était toujours *Dubo, Dubon, Dubonnet* et Philippe, pour rigoler il disait *Dubo, Dubon, Dubouillon* mais le Bouillon ne pouvait pas l'entendre parce que le métro faisait trop de bruit. C'était drôle, parce que, justement, le Bouillon, c'est M. Dubon qu'il s'appelle. Le Bouillon, c'est seulement le surnom qu'on lui a donné. Après le métro, on est sortis dans la rue et on s'est arrêtés dans un grand champ qui est derrière la tour Eiffel pour manger notre casse-croûte. Dominique a dit que c'était la plus grande tour du monde et Nicolas, pour se moquer de lui, lui a demandé si c'était quelqu'un de sa famille qui l'avait construite. Dominique, ça l'a énervé, et il lui a dit d'arrêter de rire de ses parents, sinon il lui donnerait des coups de pied.

— *De toute façon, en Amérique, il y a des tours plus hautes,* a dit Nicolas, *même qu'on peut monter tout en haut et un monsieur vous prend en photo.*

– Chez mon grand-père, il y a des tours moins hautes mais très belles, avec des escaliers de pierre à l'intérieur, a dit Philippe.

Jean-Marie et François ont demandé à la maîtresse si c'était vrai qu'il y avait des tours plus hautes en Amérique, et comme elle a répondu oui, on était tous un peu tristes. On a oublié en mangeant notre sandouiche.

Jack, il avait un chouette pique-nique avec plein de couleurs sur sa boîte de limonade et son paquet de chips. Quand on l'ouvrait, on pouvait gagner un superman, mais là, c'était une princesse. Nous, on s'est moqués de lui, mais on aurait bien aimé avoir des cadeaux dans nos pique-niques. Ségolène enlevait petit à petit son papier d'aluminium et elle le pliait un peu avant de le jeter. La maîtresse a dit que c'était très bien et qu'il ne fallait pas faire comme nous, qui avions jeté nos papiers en boule, et qu'il allait falloir les ramasser s'il vous plaît. José mangeait un drôle de pain tout foncé et Laurent avait des petits sandouiches avec un pain comme de la brioche, comme ceux que l'on pouvait manger au mariage de ma tante Yvonne.

Quand on a fini, on a voulu faire une partie de cache-cache, mais la maîtresse nous a demandé de nous mettre en rang et nous a dit d'être très sages car nous allions dans un musée d'art premier. Nicolas, ça lui plaisait que notre musée soit le premier, il s'est bien mis en rang et il a demandé si les Indiens étaient des vrais.

La maîtresse a dit que non mais qu'il fallait ouvrir nos yeux parce que c'était un musée pour s'ouvrir sur le monde. Nous, on n'a pas très bien compris, mais comme on l'aime bien, la maîtresse, on ne le lui a pas dit.

Ce qui était chouette, au musée, c'est qu'il était entouré d'un grand jardin avec des grands arbres mais le Bouillon n'a pas voulu qu'on monte dedans. On est vite entrés dans une très grande pièce, un peu comme le hall de la gare ou maman m'emmène quand je pars en train chez des cousins, et il y avait des images de films qui passaient sur les murs avec des gens dans le désert et des enfants qui courent dans l'eau. On est montés par un long couloir où il y avait des écritures sur le sol, mais on ne comprenait rien parce que je crois que c'était en anglais.

– *Cela s'appelle l'entre-musée*, a dit la maîtresse.

– *Ça veut dire qu'on entre au musée*, a dit François qui croit toujours qu'il comprend mieux que nous.

On s'est mis à courir en tapant de la main sur notre bouche et en imitant les Indiens. Des messieurs avec des cravates noires sont venus nous dire de nous taire, et ils parlaient tout doucement comme si on était dans une église. En haut du couloir, tout était éteint. Il y avait juste quelques veilleuses comme la nuit dans la chambre de mon petit frère qui a peur du noir. Dans des armoires de verre, il y avait plein de petites statues bizarres qui faisaient un peu peur.

Laurent a dit à la maîtresse que son papa, dans son magasin de vieilles choses, il en avait plein des comme ça et même qu'elles étaient mieux.

– *C'est même pas beau*, a dit Jean-Marie. *En Bretagne il y a des statues de pierre qui sont beaucoup plus belles.*

– *Mais si, c'est génial*, a dit Jack en montrant les masques. O*n peut les mettre et jouer à se faire peur.*

François, cette fois-ci, il n'avait pas l'air de bien comprendre. Nicolas s'embêtait et il essayait de marcher sur les lignes du sol. Des Indiens, il n'y en avait pas du tout. On a juste vu des plumes qui devaient être à un chef. Les gens du musée les avaient posées sur une sorte de porte-manteau. Mais on n'a pas trouvé le chef à qui elles appartenaient.

Il y avait aussi un très grand totem, comme dans *Lucky Luke*, mais comme on n'avait pas le droit de le toucher, on ne pouvait même pas attacher quelqu'un et danser autour. Après, on a vu plein de manteaux pour les esquimaux, pour ceux qui vivent dans la forêt ou même pour ceux qui sont dans le désert mais qui mettent quand même un manteau. On s'ennuyait un peu, mais on ne voulait pas le montrer à la maîtresse. Et puis on était quand même contents, parce qu'on savait que pour rentrer on prendrait encore le métro.

Ségolène a fait un exposé

Ce matin, Ségolène avait apporté en classe un grand carton vert avec des taches noires et plein de grands papiers qui dépassaient. La maîtresse lui a dit comme ça de prendre sa place, et de s'installer derrière le bureau, parce qu'elle allait faire un exposé. Sa maman venait de faire un beau voyage, elle nous a expliqué, et Ségolène allait nous en parler.

Nous, ça ne nous a pas étonnés que la maman de Ségolène ait fait un grand voyage, parce qu'elle en fait souvent, même que ça énerve un peu Nicolas et Laurent, quand Ségolène vient à l'école avec les jouets qu'elle lui a rapportés. Ce qui nous a épatés, c'est que Ségolène prenne la place de la maîtresse et que ce soit elle qui écrive au tableau, parce qu'elle fait parfois de grosses fautes et qu'elle ne sait pas toujours très bien ses leçons.

Moi, je crois qu'elle avait dit à sa maman qu'aujourd'hui, ce serait elle qui serait la maîtresse, parce qu'elle avait mis une jolie robe blanche et qu'elle était très bien coiffée.

– *Ségolène va vous parler des mille et une merveilles du pays des mandarins*, a dit la maîtresse.

Ségolène, elle n'avait pas l'air intimidée. Elle nous regardait avec un air de grande personne. Elle a pris la règle de la maîtresse, et elle a tapoté le bureau en nous disant :

– *Un peu d'attention, je vous prie.*

– *C'est vraiment une crâneuse*, a dit Laurent à l'oreille de François.

– *Laurent ! Pouvez-vous répéter ce que vous venez de dire à votre camarade ?* a crié Ségolène.

– *Un peu de calme*, a dit la maîtresse. *Laissez Ségolène commencer son exposé.*

Alors, Ségolène s'est mise à nous parler. Elle nous a dit que la Chine était un pays très loin où les gens sont tout jaunes, et où ils ont les yeux bridés parce qu'ils mangent du riz toute la journée. Elle a raconté que sa maman était allée sur un très grand rempart qui fait le tour du pays pour empêcher les Indiens d'y entrer.

– *Tout ça n'est pas très original*, a dit Laurent, *je l'ai déjà lu dans* Tintin au Tibet.

– *Les Indiens, c'est en Amérique*, a dit Nicolas. *Ça m'étonnerait qu'ils aient attaqué un château fort en Chine.*

Ségolène s'est énervée tout rouge, et elle a dit que si on l'interrompait, elle ne pourrait pas continuer. Elle nous a dit que la Chine était un pays formidable, même si les filles avaient de tout petits pieds, parce qu'on les leur bandait. Elle a parlé d'une grande ville, où vivait un empereur qui était jardinier, même que c'était défendu d'entrer dans son palais.

— *Ça, je le savais déjà*, a dit Laurent, *parce que je l'ai vu dans un film à la télé.*

Ségolène, ça l'a énervée, elle a fait un grand geste de la main sur le bureau de la maîtresse, et elle a fait tomber par terre les grands papiers que sa maman lui avait préparés.

Jack a voulu l'aider à les ramasser, mais Nicolas lui a fait un croche-pied et Jack lui a donné un coup de poing sur le nez. Ségolène a voulu recommencer à parler, mais elle ne se retrouvait pas dans ses papiers. Alors, comme elle ne disait rien et que l'on commençait à s'ennuyer, Philippe s'est mis à tirer ses yeux sur le côté, et à froncer le nez, et il a dit :

— *Je suis un Chinois fourbe et cruel. Je suis un Chinois fourbe et cruel.*

— *Tais-toi, sale Chink*, a dit Jean-Marie, et il lui a jeté une boule de papier.

— *Je vais te transformer en nem, avec de la sauce piquante*, a dit Philippe et ils se sont couru après dans l'allée qui est au fond de la classe.

— *Assez !* a dit la maîtresse.

Elle avait l'air drôlement énervée. Elle a pris Jean-Marie et Philippe chacun par une oreille et elle les a grondés. Elle leur a dit qu'elle n'avait jamais vu ça et que c'était inadmissible, et elle les a envoyés chez M. le directeur pour se calmer.

Laurent a demandé si l'exposé était bientôt terminé, parce que lui, son papa était allé en vacances à Courchevel, et qu'il pourrait aussi le raconter, même que ça serait plus intéressant que les vacances de la maman de Ségolène.

– *Moi je pourrais faire un exposé sur la vie à la ferme de mon grand-père*, a dit François. *Ça serait plus proche des préoccupations des élèves.*

Dominique a dit qu'il faudrait un peu élever le débat et Nicolas a demandé si les exposés étaient notés.

La maîtresse était toute rouge, et elle nous a dit que nous devrions avoir honte en pensant à notre camarade, qui avait tellement travaillé pour préparer son exposé et qui avait tout fait pour nous intéresser, et que nous n'étions même pas capables d'écouter.

Ségolène, elle ne disait plus rien. Elle n'avait plus son air de maîtresse, et moi, j'avais envie de la protéger. On voyait sa bouche qui tremblait, et elle s'est mise à pleurer en disant que ce n'était pas juste, parce qu'au moins, en Chine, les filles avaient le droit de parler et qu'on ne faisait pas que de se moquer d'elles quand elles faisaient un exposé, et qu'il y avait des policiers qui mettaient en prison ceux qui les interrompaient.

La maîtresse lui a dit d'aller se passer de l'eau sur le visage et que puisque c'est comme ça, l'exposé était terminé, et que nous devrions tous copier cent fois : « *Je veillerai à être attentif à mes camarades lorsqu'ils me feront partager leurs connaissances lors d'un exposé.* » C'est dommage. Parce que c'est vrai que c'était drôlement bien d'apprendre tout ce que Ségolène savait, et qu'on aurait bien aimé savoir si, finalement, c'était les Chinois ou les Indiens qui avaient gagné.

La classe de mer (1)

Cette année, grâce à M. le maire, on est partis pour faire la classe pendant deux semaines en Bretagne. Ce qui était chouette, c'est qu'on y est allés en car. Avant de partir, on nous avait tous mis autour du cou des écharpes rouges, pour pas qu'on se perde. Il y avait beaucoup de mamans qui pleuraient, mais

nous, on n'était pas tristes, parce qu'on savait qu'on allait bien s'amuser. Le Bouillon nous accompagnait dans le car. Il n'avait pas son costume noir, il avait mis une drôle de chemise jaune avec des étoiles de mer dessinées, il avait les pieds nus avec des claquettes, c'était terrible. Ségolène avait emporté une épuisette, et Laurent un masque pour faire de la plongée. Le Bouillon nous a dit qu'on pouvait même chanter des chants de mer.

Nous, des chants de mer, on n'en connaissait pas, sauf Jean-Marie, dont la grand-mère est bretonne, même qu'il dit qu'elle a un tuyau blanc sur la tête, mais nous, on a un peu de mal à y croire.

– *Voguons aux vents de mer, au gré des vagues,* le Bouillon il a commencé.

Nous, ça nous faisait tout drôle de voir le Bouillon chanter, avec sa chemise jaune et ses claquettes. Il faisait « *Oh, oh* » comme s'il appelait quelqu'un.

Philippe, avec sa voix qui siffle, faisait « *Oh, oh* » dans le fond du car pour se moquer du Bouillon. Comme il se cachait derrière le fauteuil de Jack, le Bouillon ne voyait pas qui c'était, mais il n'y a que lui qui ne sait pas reconnaître la voix de Philippe quand il fait l'idiot.

Jack avait pris le masque et le tuba de Laurent, il soufflait fort dedans pour imiter le bruit des bateaux quand ils quittent le port. Laurent a voulu le lui reprendre, parce qu'il n'aime pas trop prêter ses affaires. Ségolène s'est interposée en leur disant d'arrêter de se disputer, mais Jean-Marie lui a pris son épuisette, et il courait dans le couloir du car en essayant de prendre nos têtes dans le filet comme s'il attrapait des papillons.

Comme on faisait trop de bruit, le Bouillon s'est arrêté de chanter et il s'est assis à côté du chauffeur. Olivier, qui va chaque année en colo, nous a appris plein de chansons sur des enfants qui sautent sur les lits et des infirmières qui plantent des aiguilles. On a très vite appris *À bas les moniteurs*, parce qu'elle était facile à retenir, et on tapait dans les mains en chantant. Alors le Bouillon s'est énervé tout rouge, mais ça faisait moins peur qu'à l'école parce qu'il n'avait pas son costume. Il nous a dit qu'on ne devait pas chanter de chansons idiotes ou méchantes et que l'on avait bien de la chance d'avoir des moniteurs. Alors Olivier a dit qu'il pouvait nous en apprendre une autre qui n'était pas méchante et qui était pour le chauffeur du car. « *Chauffeur, si t'es champion, appuie, appuie, chauffeur, si t'es champion, appuie sur le champignon* », et il a commencé à chanter et ceux qui la connaissaient chantaient avec lui. Laurent, qui était à côté de moi, avait l'air de trouver ça pas drôle, il m'a même dit que c'était « *déplacé* » mais le chauffeur, lui, il souriait. Alors, Ségolène a demandé s'il y avait des toilettes dans le car, parce que sinon, il fallait tout de suite s'arrêter.

– *Les filles, ça fait pipi plus souvent que les garçons : c'est comme ça qu'on les reconnaît*, a dit Philippe. Le Bouillon lui a dit de se taire et que bon, on allait justement prendre de l'essence et qu'il faudrait en profiter pour prendre nos précautions.

À la station-service, on est tous descendus, c'était super. On pouvait courir dans le magasin qui vend plein de choses que maman ne veut jamais acheter et Jack a demandé au Bouillon s'il pouvait utiliser le billet que lui avait donné son papa pour acheter des Malabar. Olivier montait sur les motos qui bougent quand on met une pièce en faisant « *vroum, vroum* » et Laurent montrait à François sur la carte de

France qui est près des toilettes où était la maison de son grand-père en Sologne. Après, on est remontés dans le car et on est repartis. Il a tout de suite fallu s'arrêter, parce que le Bouillon s'est aperçu qu'il y en avait un qui manquait. Il arrêtait pas de nous recompter, et il a fini par faire l'appel. Nous, on répondait bien sagement : « *Présent* », tous en même temps. Alors il a commencé à s'énerver en disant que si on continuait, il allait nous ramener tout de suite à la maison. On est retournés à la station-service, et on a trouvé Lionel, qui nous attendait, à côté de la caisse. Une dame très gentille lui avait donné une sucette, mais il nous a dit qu'il n'avait même pas eu envie de pleurer, parce qu'il savait bien que nous nous rendrions très vite compte de son absence, et que nous reviendrions le chercher. Il a été très étonné quand on lui a dit qu'on n'avait rien remarqué.

La classe de mer (2)

Jean-Marie m'avait dit qu'en Bretagne il y avait des lutins et des géants, mais quand on est arrivés, c'était comme chez nous, avec des immeubles et des feux rouges. Au bout du parking, il y avait du sable et la mer. On s'est mis en rang et le Bouillon nous a présenté Gildas, qui allait être notre moniteur.

Gildas, il avait un pull orange, et des cheveux longs comme une fille. Il nous a emmenés dans une grande pièce pour le dîner. À table, il y avait des nouilles et des poissons panés, mais pas ceux de la mer d'à côté, ceux du supermarché. Le moniteur était très gentil, mais il arrivait pas trop à se souvenir de nos prénoms.

Il nous a dit qu'on allait faire une veillée et qu'il allait chercher une guitare. Mais nous, on était fatigués. Quand il est revenu, on était tous allés se coucher.

Le lendemain matin, pendant le petit déjeuner où l'on pouvait choisir entre une confiture rouge et une orange, il nous a demandé qui savait nager.

On a tous dit oui, sauf François et José, qui sont nés à la campagne. Laurent a raconté comment il avait appris le crawl à l'Automobile Club, et ça nous a tous semblé bizarre, parce que nous, on descend de la voiture quand on va se baigner. Ségolène a dit que pendant les vacances, elle allait au bord d'une rivière pêcher des écrevisses avec ses cousins, qui ont une très grande maison au centre de la France. Jack nous a parlé d'un boulevard avec des toboggans de toutes les couleurs, des piscines où il y a des vagues et des jets d'eau. Jean-Marie, qui exagère toujours, a dit qu'il pouvait rester deux minutes sous l'eau. Nicolas ne disait rien. Je crois bien qu'il avait un peu peur sans bouée mais qu'il n'osait pas le dire. Je dis ça parce que quand le moniteur a dit « *Qui veut aller se baigner dans les vagues ?* » il n'a pas crié « *oui !* » avec les autres. Après, quand on courait tous en maillot

de bain dans l'eau, il n'avait pas l'air très content. Jack sautait comme un kangourou et il avait un chouette maillot avec des requins et on dirait qu'ils clignotaient. Jean-Marie imitait le gorille en se tapant sur la poitrine avec les poings. Ségolène courait vers l'eau, les bras le long du corps et les mains ouvertes, elle était drôlement jolie. Le moniteur avait donné à François et José des grosses bouées orange qui s'enfilent autour du cou, comme dans les films où il y a un naufrage, en leur disant que comme cela ils ne risquaient pas de se noyer. De toute manière, comme ils n'avaient de l'eau que jusqu'aux chevilles, je crois

que ce n'était peut-être pas la peine. En plus, Nicolas a dit qu'il restait avec eux pour les protéger.

Celui qui avait couru le plus vite, c'était Dominique. Il avançait déjà dans les vagues et il faisait des grands gestes tout doucement comme quand à la télé il y a les buts au ralenti. Il secouait ses cheveux mouillés et lançait ses grandes jambes en avant. Nicolas a dit que c'était nul, parce que l'eau était trop froide, et il a proposé de retourner sur la plage pour jouer au ballon. C'est vrai qu'elle était froide, mais ça ne m'a pas étonné : maman dit qu'en Bretagne tout est toujours froid et mouillé.

C'est à ce moment-là que François a crié. Pas parce qu'il avait peur de se noyer, mais parce qu'il avait marché sur un our

sin, une drôle de bête toute ronde et tout plein de piquants. Gildas nous a expliqué que c'était le hérisson des mers et qu'il fallait faire attention. Laurent, qui raconte souvent n'importe quoi, a dit qu'il en avait déjà mangé, dans un grand restaurant où l'emmène son grand père, même qu'il paraît qu'on les met sur une montagne de glace pilée, et qu'il faut manger les petites limaces orange qui sont à l'intérieur des piquants. Alors François s'est mis à pleurer en disant que ce n'était pas juste. Nicolas a dit qu'il était volontaire pour emmener François à l'infirmerie. Ça nous a épatés, parce que d'habitude, c'est toujours Ségolène qui est volontaire. Il est vraiment gentil, Nicolas, parce qu'à cause de ça il n'a même pas pu se baigner.

La fête des Mères

Il ne faut pas le dire à maman, parce que c'est un secret, mais à l'école, on prépare la fête des Mères. La maîtresse nous a dit que ça ne serait pas comme l'année dernière, où on avait tous fait un joli collier de pâtes, et que cette année on ne ferait pas tous le même cadeau, parce que chacun choisirait son idée.

— *Il faut développer votre cré-a-ti-vi-té*, elle a dit, la maîtresse.

Nous, on n'a pas bien compris, et on n'avait pas trop d'idées.

— *Allons, réfléchissez*, a dit la maîtresse. *Qu'est-ce qui ferait plaisir à votre maman ?*

— *Elle dit toujours que le plus beau cadeau, c'est quand ma chambre est bien rangée*, a dit Ségolène.

— *C'est même pas un cadeau*, a dit Laurent.

Il faut dire que chez lui, c'est une dame en noir, avec un mouchoir blanc dans les cheveux et un chouette tablier, qui lui range sa chambre. Même qu'elle lui donne un pain au chocolat quand elle vient le chercher à l'école.

— *Moi*, a dit Jack, *elle aime surtout les crèmes qu'elle se met sur le visage. Ça colle un peu quand elle m'embrasse, mais ça sent bon.*

— *Ce qui ferait plaisir à ma maman*, a dit Lionel, *c'est un gros livre avec plein d'écritures et pas d'images. Elle en achète tout le temps.*

— *Moi, je crois qu'elle préférerait une toque d'astrakan*, a dit Laurent. *Elle a dit à mon papa que ça irait bien avec le manteau qu'elle met en demi-saison.*

François a demandé ce que c'était que l'astrakan, et José a

dit que ce n'était pas bien, parce que la maman de Laurent ne faisait que de tuer plein d'animaux pour se faire des manteaux. Alors Laurent lui a donné un coup de poing en disant que ce n'était pas vrai, et qu'il était jaloux, et que sa maman était très gentille avec les animaux, même qu'elle s'occupait souvent de ses chevaux de course quand elle allait dans leur maison de campagne à Deauville.

Alors la maîtresse leur a dit de se taire et nous a expliqué qu'il ne fallait pas penser à un cadeau qui s'achète, mais à une chose qu'on ferait nous-mêmes et sur laquelle on passerait du temps.

– *On en dit plus avec le cœur*, elle a dit, la maîtresse.

Nous, ça nous a étonnés de pouvoir dire des choses avec

notre cœur mais on a réfléchi à ce qu'on pourrait faire pour nos mamans. Philippe a dit qu'il pourrait fabriquer un tablier de cuisine, mais Ségolène a demandé à la maîtresse pourquoi c'était les filles qui devaient toujours faire la cuisine et jamais les garçons.

– *Tais-toi, casserole*, a dit Jean-Marie.

Alors Ségolène a commencé à pleurer et Jean-Marie a dû aller au coin ; du coup on n'a pas su ce qu'il ferait pour sa maman.

– *Moi, j'aimerais lui écrire une poésie*, a dit Dominique, *une vraie, avec des rimes, avec des mots qu'on ne comprend pas, mais qui en disent long.*

La maîtresse lui a dit que c'était une bonne idée, et qu'il se mette tout de suite au travail. Alors, Dominique s'est passé les mains dans les cheveux, il a regardé vers le plafond en plissant les yeux, comme s'il regardait très loin, ou si quelqu'un lui avait fait très mal, et puis il s'est mis à écrire en poussant des grands soupirs, comme s'il était très triste ou très malade.

Ségolène a demandé si elle pouvait faire un dessin. La maîtresse lui a dit que oui, c'était une idée charmante, et qu'il fallait que Ségolène dessine quelque chose de beau. Alors Ségolène a dit qu'elle allait faire un portrait d'elle, parce que c'est ça que préférerait sa maman. François a proposé de faire des boucles d'oreilles avec les coquillages qu'il avait rapportés de la classe de mer en Bretagne. Nicolas a décoré une boîte de camembert, pour que sa maman puisse y poser ses clés, parce qu'elle les perd toujours et que ça lui fait perdre son temps de les chercher. Jack a collé du papier d'argent sur une boîte d'allumettes, pour que sa maman puisse y ranger son rouge à lèvres. José a fait un collier de pâtes, parce qu'il n'avait pas d'idée, et qu'il n'était pas là l'année dernière. Lionel a préparé un emploi du temps à mettre sur le Frigidaire, pour qu'elle puisse mieux organiser sa semaine.

À la fin de la classe, on est tous allés déposer nos cadeaux sur le bureau de la maîtresse. C'était beau : on aurait dit la vitrine du grand magasin où mon papa m'emmène quand c'est Noël pour qu'on trouve une idée de cadeau pour ta mère. La maîtresse a dit que nos mamans allaient être très contentes. Nicolas a dit à Ségolène que son dessin n'était pas ressemblant. Alors Ségolène lui a dit que c'était toujours mieux qu'une boîte de camembert. Ça l'a énervé, Nicolas, alors il a déchiré le dessin de Ségolène, qui s'est mise à pleurer. Alors ça a été terrible : Jack a donné un coup de poing sur la boîte de Nicolas ; François a piétiné la boîte à rouge à lèvres de Jack, Philippe a jeté par terre les coquillages de François, et Jean-Marie est sorti du coin sans demander la permission, et il a mangé le collier de pâtes de José.

La maîtresse était toute rouge, elle a dit que c'était une honte, et que nous allions être tous en retenue. Il n'y avait que Dominique qui n'avait pas participé à la bagarre. Tout à coup, il s'est levé de sa table avec son poème à la main, et il a pris sa respiration. Il a dit très fort, et comme s'il pleurait presque :

    – A ma mère (c'est le titre)

    Maman... Maman... Maman...

Le forum des métiers

Normalement c'est toujours mon oncle Octave qui me demande ce que je veux faire plus tard comme métier. Aujourd'hui, il n'y avait pas que la maîtresse, le Bouillon et le directeur comme grandes personnes à l'école, mais plein de messieurs qui étaient là pour nous aider à choisir un bon métier. Dans la cour et sous le préau, chacun était derrière une table, avec des papiers de toutes les couleurs.

La maîtresse nous a dit de nous tenir tranquilles et de venir dans la classe je vous prie. Elle nous a expliqué que M. le directeur avait souhaité organiser cette année un « *forum des métiers* ». Il y avait des messieurs qui étaient gentiment venus pour nous parler de leur métier et nous aider à choisir et à nous « *o-rien-ter* ». La maîtresse aime bien détacher les syllabes quand elle dit un mot qu'on ne connaît pas. Nous, on la laisse faire, parce qu'elle est vraiment chouette, on voudrait pas la décevoir en lui disant qu'on ne comprend rien.

– *Est-ce qu'il y aura un pompier ?* a demandé Jean-Marie.

– *Et un chevalier ?* a ajouté Philippe, *parce que moi, je veux devenir chevalier, et s'il n'y a pas de chevalier, ça ne m'intéresse pas.*

Laurent a dit qu'il voudrait voir un commissaire-priseur, et Nicolas a dit que c'est lui qui voulait devenir commissaire, et que ce n'était pas malin de le copier.

José a demandé s'il y avait un conducteur de moissonneuse-batteuse, et Jack un chanteur de variétés ou un présentateur de télé.

Alors la maîtresse s'est énervée, elle a dit que cela suffisait, et qu'il n'y avait ni chevalier, ni pompier, mais qu'on devait être reconnaissants parce qu'il y avait des ingénieurs, et puis des avocats, et même un général qui étaient venus spécialement pour nous orienter.

Dominique a dit que des généraux, il en connaissait déjà, parce qu'il y en avait plein dans sa famille, même qu'ils avaient gagné toutes les batailles en gants blancs depuis la guerre de Cent Ans. Il a demandé s'il n'y avait pas plutôt un écrivain ou un poète.

— *Ça suffit*, a dit la maîtresse. *Vous allez me faire le plaisir de constituer des groupes par a-ffi-ni-té, et de vous présenter aux stands du forum des métiers.*

Nous, on est sortis de la classe en courant. On est d'abord allés devant le général. Il avait un képi avec des feuilles de chêne, un costume beige avec des bandes marron. Au début, il nous souriait. Dominique a dit qu'il n'avait pas beaucoup de décorations.

139

– *C'est peut-être qu'il n'a jamais fait la guerre*, a dit François. *Mon papa dit que les généraux restent souvent dans les bureaux.*

– *Moi, le mien dit que s'il n'y avait pas de militaires, il n'y aurait pas de guerre*, a dit Olivier.

Jean-Marie, Philippe et Laurent ont organisé un défilé pour le général. Ils sont passés devant lui au pas cadencé en le saluant de la main comme dans les films de guerre.

– *Han, dei, han, dei*, a dit Jean-Marie.

Le général a demandé si on se fichait de lui, et on lui a dit que non, qu'on voulait seulement s'orienter.

– *Il faudrait d'abord que vous me posiez des questions, garnements*, a dit le général.

Dominique lui a demandé s'il avait gagné beaucoup de batailles, parce que, dans sa famille, les généraux en gagnent.

– *Où est votre pistolet ?* a demandé Nicolas.

– *Et où est votre cheval ?* a dit François.

– *Combien ça gagne, un général ?* a demandé Laurent.

– *À quoi ça sert, un général, en temps de paix ?* a dit Jack.

– *Pas tous à la fois, garnements, un peu de méthode*, a dit le général. *Je vais vous répondre l'un après l'autre.*

Nous, on n'a pas pu écouter la réponse du général, c'est dommage, parce qu'on est partis en courant pour voir un policier, qui était de l'autre côté de la cour, et que Nicolas avait remarqué qu'il avait un pistolet.

– *Est-ce que vous avez arrêté beaucoup de voleurs ?* a demandé Nicolas.

– *Mon papa dit que tous les ministres sont des voleurs*, a dit Jean-Marie.

– *Le mien dit que ce sont les patrons qui volent les travailleurs*, a dit Olivier.

Le policier, je ne sais pas s'il voulait nous répondre avec méthode, comme le général, parce qu'on est allés voir l'avocat, qui avait une belle robe noire, avec une serviette blanche au-dessous du cou, comme pour le petit déjeuner. On lui a demandé à quoi servait son métier, et il nous a expliqué que c'était pour que les voleurs puissent sortir de prison quand ils s'étaient fait prendre par la police. Nicolas a dit qu'un métier pareil, ça devrait pas exister. Laurent a demandé à l'avocat s'il était payé au fixe ou au pourcentage. On n'a pas bien compris ce qu'il voulait dire, et l'avocat non plus, parce qu'il a regardé Laurent avec des yeux ronds sans rien dire, comme le Bouillon lorsqu'il n'est pas content.

Quand on est rentrés dans la classe, on a trouvé Ségolène à sa place, la tête entre les mains, et qui pleurait. La maîtresse lui a demandé ce qui lui arrivait.

Elle a dit que ce n'était pas juste, et qu'il n'y avait personne pour lui expliquer le métier qu'elle rêvait de faire, et lui dire en quoi ça consistait. Parce que, elle, elle voudrait être maîtresse.

Il y a une nouvelle

La maîtresse était en train de faire l'appel. Nous, on devait répondre « *Présent* » en se levant bien poliment. Quand on en a été à José, la porte s'est ouverte, et on a vu entrer le directeur.

– *Debout*, a dit la maîtresse.

– *Assis*, a dit le directeur.

Il n'était pas tout seul, le directeur. Il tenait par la main une drôle de petite fille, qui avait des lunettes. Il nous a dit qu'elle s'appelait Michèle, et qu'elle allait nous rejoindre en cours d'année, parce que ses parents avaient déménagé et qu'ils habitaient

Il y a une nouvelle

maintenant à côté de l'école. Il nous a dit aussi qu'on devait être très gentils avec Michèle, et bien l'accueillir parmi nous. Moi, j'ai vu que Ségolène, elle n'avait pas l'air trop contente qu'il y ait une nouvelle. Elle fronçait le nez comme s'il y avait une mauvaise odeur dans la classe. Celui qui n'a pas eu l'air content non plus, c'est Nicolas, surtout quand le directeur a dit que Michèle venait d'une très bonne école, et qu'elle était toujours première, et que ce serait une bonne compétition entre nous. Dominique, qui veut toujours se faire bien voir de monsieur le directeur, et qui aime bien embêter Nicolas, a levé le doigt pour dire que Michèle pouvait s'installer à coté de lui, et qu'il lui montrerait ses cahiers pour l'aider à suivre ses leçons.

    – *C'est bien*, a dit le directeur. *Je vois qu'il règne un bon esprit dans la classe. Je vous engage à prendre tous exemple sur votre camarade, et à faire comme lui.*

    Nous, on ne savait pas trop ce qu'on devait imiter chez Dominique, parce qu'il fait souvent des choses bizarres, comme de dire des phrases très longues ou de jeter des regards terribles autour de lui, mais on a dit que oui, on essaierait d'être gentils.

À la récréation, on s'est tous mis en rond autour de Michèle, et on lui a demandé si elle voulait jouer avec nous. Parce que les filles, ça ne joue pas à tout, et puis, en plus, comme Michèle avait des lunettes, on s'est dit que ça serait peut être pas facile de bien l'accueillir.

Michèle, elle n'était pas comme Ségolène, toujours en train de sourire. Elle avait des lunettes pointues, et les dents serrées comme mon oncle Alphonse quand il nous gronde parce qu'on fait trop de bruit dans le salon de mamie.

– *Je ne joue à aucun jeu, et cela pour trois raisons*, elle nous a dit, Michèle. *D'abord parce que les jeux des garçons sont toujours imbéciles. Ensuite, parce qu'il y a mieux à faire, par exemple s'instruire. Enfin parce que je ne suis plus une enfant.*

– *Tu ne joues même pas aux billes ?* a demandé François

– *Et à la corde à sauter ?* a repris Ségolène.

– *Et au Jokari ?* a dit Jack.

On était étonnés d'apprendre qu'elle n'était pas une vraie enfant, Michèle, parce que même si elle était petite et pas très belle, elle avait l'air d'avoir notre âge.

— *De toute manière*, a continué Michèle, *je ne suis pas sûre d'être avec vous pour très longtemps. Mon papa m'a dit qu'ici le niveau n'était pas excellent, et que je risquais de perdre mon temps. Je dois aller bientôt dans une école bilingue, où les cours sont en anglais.*

— *Mon papa dit toujours que les Anglais on brûlé Jeanne d'Arc*, a dit Jean-Marie.

— *Pourquoi tu es ici, alors ?* a demandé Laurent.

— *Pour ne pas perdre mon temps, en attendant mon inscription*, a répondu Michèle.

Nous, on était épatés parce qu'elle parlait comme une grande, encore mieux que Dominique quand il fait des discours que personne ne comprend. Elle articulait les mots comme fait la maîtresse en leçon de grammaire, comme si elle croyait qu'on était un peu sourds ou qu'on ne comprenait rien.

François a dit qu'on pourrait jouer à la guerre de Cent Ans, et faire la bataille des Français contre les Anglais, et Michèle a

bien voulu, finalement, à condition d'être le roi d'Angleterre. Ségolène a dit qu'elle, elle serait Jeanne d'Arc, parce qu'il n'y a pas de raison que ce soit un garçon qui le fasse, puisque Jeanne d'Arc, c'était une fille. Dominique a bien voulu être avec Michèle, il a dit qu'il serait son conseiller secret, parce que son papa parle très bien anglais, même qu'il va dans un club où on boit des jus de fruit dans des fauteuils profonds. Nicolas a dit que, dans ce cas, là, il préférait être avec Ségolène.

Personne ne voulait prendre Jean-Marie dans son camp, alors pour la peine il a dit qu'il serait les Sarrazins, avec Olivier et José, et qu'ils captureraient tout le monde.

Michèle, elle a réuni autour d'elle Dominique, François, Laurent et Jack, et c'est là qu'on a vu que c'était vrai qu'elle était une grande. Elle a dessiné à la craie le plan de la bataille, en disant qu'il fallait attaquer les Français en trois points. Que

Dominique serait son connétable et tous les autres ses hommes de main. Qu'il faudrait qu'ils rampent sous les arbres pour aller espionner l'autre camp.

Laurent, qui n'aime pas salir ses habits, a dit que ce n'était pas drôle, et François a dit qu'il n'était pas un homme de main. Michèle, elle a commencé à s'énerver et à dire que c'était toujours pareil, qu'on ne pouvait jamais jouer sérieusement avec les garçons.

Alors les Français et les Sarrazins sont arrivés en criant « *À l'attaque !* » Nicolas a pris le bonnet de Michèle et il l'a donné à Ségolène, et ils sont tous partis derrière elle en criant : « *Michèle à la poubelle ! Michèle à la poubelle !* »

Quand le Bouillon, est arrivé, il a trouvé Michèle qui pleurait, et il a dit que c'était une honte. Nous on lui a expliqué que Michèle avait brûlé Jeanne d'Arc, mais que c'était pas grave, parce qu'elle allait partir pour une autre école, où les maîtresses sont anglaises et où les élèves ne sont pas des enfants.

Le Bouillon nous regardait avec des yeux tout ronds, il n'avait pas l'air de bien comprendre. Nicolas a quand même rendu son bonnet à Michèle, et le Bouillon nous a demandé de nous mettre en rang pour retourner dans notre classe, parce que c'était la fin de la récréation.

Le lendemain, la maîtresse nous a dit que Michèle ne reviendrait pas, parce que son papa avait décidé de l'inscrire dans une école plus performante. Nous on était un peu tristes, parce qu'elle était chouette, Michèle.

Le dîner de classe

Ce soir, c'était un peu comme un anniversaire sauf qu'on n'était pas obligés de faire des cadeaux. Toute la classe était invitée, et même la maîtresse, pour aller dîner chez Jack, dans son appartement. Comme nous sommes encore petits, nos mamans nous ont dit qu'il ne fallait pas qu'on rentre trop tard. C'est dommage, parce que la maman de Jack, qui s'appelle Karine, et même que Jack l'appelle Karine, avait dit que quand il ferait nuit on mettrait un peu de musique et qu'on pourrait danser. C'est surtout la maman de Philippe qui ne voulait pas, et aussi celle de Laurent. Pour que les parents de Jack n'aient pas trop de travail, chacun devait apporter quelque chose à manger ou à boire. Tout le monde est venu avec des tartes et des salades avec du maïs et une espèce de couscous froid dedans. Il y avait aussi du jus d'orange, du jus de pomme et une sorte de Coca-Cola qui s'appelait Magic Cola et qui n'était pas très bon. On avait tous mis des beaux habits et

même la maîtresse, elle avait du rouge à lèvres et une jolie jupe blanche avec des fleurs. Elle était avec un monsieur qui lui donnait la main et qui nous posait des questions mais nous, ça ne nous plaisait pas trop que quelqu'un avec une cravate donne la main à la maîtresse. Jack nous avait prévenus qu'il y avait deux étages et même un escalier dans son appartement. Mais nous, on ne savait pas qu'il y avait des arbres dans le salon, un grand aquarium avec des poissons dans la salle à manger et des tableaux bizarres avec des gribouillages de toutes les couleurs. Quand il nous a montré sa chambre et qu'on a vu son circuit de voitures et sa télévision, on a été un peu jaloux. Philippe, qui a zéro télé chez lui, ça lui faisait tout drôle de voir un appartement où il y en avait dans toutes les pièces. Ce qui était chouette, c'était le grand porte-manteau en forme de marsupilami à l'entrée.

La maman de Jack nous a dit de nous mettre à l'aise, de faire comme chez nous, et de l'appeler Karine, et qu'on devait s'asseoir sur les gros coussins qui étaient par terre dans le salon. Nous, on n'osait pas trop, parce qu'on avait peur de casser quelque chose, on parlait doucement, comme si on était au musée des arts qui sont premiers de la classe. Dominique avait un blazer bleu marine, avec un écusson, comme les chevaliers, et une cravate bleu et jaune. Nicolas avait une chemise verte avec un foulard violet autour du cou. Laurent, ça ne lui a pas plu quand on lui a dit que ce n'était pas une soirée déguisée, et qu'il était habillé comme Tintin. Il nous a dit que nous n'y connaissions rien et que son pantalon s'appelait un knickers. Il n'arrêtait pas de remonter ses grandes chaussettes, qui allaient jusqu'aux genoux, avec de drôles de pompons rouges sur les côtés. Ségolène, elle avait une belle robe bleu ciel, qu'elle faisait tourner dans le couloir en secouant ses cheveux. José, il n'avait pas l'air très à l'aise, avec sa veste en grosse laine, et son pantalon en velours côtelé.

Comme on ne parlait pas, et qu'on regardait nos pieds, la maman de Jack nous a demandé de raconter ce qu'on faisait à l'école. Alors nous, on s'est tous mis à parler en même temps, et je crois que le monsieur qui était avec la maîtresse ne comprenait pas ce qu'on disait. La maman de Jack a demandé s'il y avait toute la classe, et on lui a dit que non, parce que Jean-Marie avait été puni, qu'Olivier habitait trop loin, et que François était en retard.

Comme il n'arrivait pas, elle nous a dit de nous mettre à table. Dominique, comme il fait toujours des grands gestes, il a renversé son jus d'orange sur le canapé, et là, elle n'a plus été gentille, la maman de Jack, elle a dit que c'était un canapé à dix mille balles, et qu'on n'avait pas idée. La maîtresse était toute rouge, elle a dit que Dominique s'excusait. Le papa de Jack a dit que ce n'était pas grave, et qu'il n'y avait pas de raison de s'énerver. La maman de Jack lui a dit que ce n'était pas lui qui irait porter les housses chez le teinturier.

À table, on a mangé notre couscous en silence, parce qu'on savait pas trop quoi dire, et que la maman de Jack nous faisait un peu peur, parce qu'elle était toujours en colère, et qu'elle nous disait de faire un peu attention, chaque fois qu'on faisait une tache de Magic Cola sur la nappe. Il n'y avait que le monsieur qui était avec la maîtresse qui parlait, et le papa de Jack qui lui répondait.

Après le dîner, la maman de Jack a été s'enfermer dans sa chambre, et le papa de Jack a débarrassé la table. Nous, on a eu le droit d'aller jouer dans la chambre de Jack. C'était génial, on pouvait regarder la télé. Comme c'était une émission pour les grands, avec des messieurs dans des fauteuils qui se disputaient tout le temps, et qu'on était un peu fatigués, on s'est tous un peu endormis sur la moquette. Quand on s'est réveillés, on a décidé de jouer à s'attraper. Comme Philippe s'était caché derrière les rideaux, et Nicolas derrière la télé, Dominique, qui ne fait pas toujours très attention, a renversé la lampe de chevet de Jack en essayant de les attraper. Jack s'est mis à pleurer, parce que c'était une lampe que Karine lui avait achetée à New York, et qui représentait la statue de la liberté. Alors la porte s'est ouverte, et on n'a pas reconnu tout de suite Karine, parce qu'elle était en pyjama, avec les cheveux tout décoiffés, et qu'elle criait :

– *Sortez immédiatement !* elle a dit.

Nous, on était très embêtés, parce qu'on savait pas comment la réparer, la lampe, et qu'on pouvait pas proposer d'aller à New York pour en racheter.

C'est à ce moment que la porte a sonné, et que le papa de Jack est venu nous dire, avec un grand sourire, que nos parents étaient venus nous chercher. On a pris nos manteaux, et on a dit « *Au revoir, madame* » à Karine, comme nous l'avait appris la maîtresse. Quand on est sortis de l'ascenseur, on a croisé François et ses parents, qui arrivaient, parce qu'ils s'étaient trompés d'adresse et qu'ils avaient eu du mal à trouver l'appartement. On leur a dit que c'était trop tard et que c'était dommage, parce que ça avait été une chouette soirée.

Une journée chez José

Depuis quelques jours, il est très fier, José, parce que la classe verte, ça va être chez son oncle qui est fermier à la campagne. Papa m'a dit que c'était en plein désert, mais pas un désert de sable avec des chameaux, plutôt des champs où il n'y a presque pas de maisons. Quand on est descendus du car, Laurent, qui va souvent à la campagne chez son grand-père, nous a dit que ça ne ressemblait pas du tout à la propriété en Dordogne où il a son beau vélo rouge. La ferme de l'oncle de José, c'était une drôle de maison, qui ressemblait à une usine. Il y avait un grand hangar en tôle ondulée, avec un gros tracteur sur lequel on nous a promis qu'on ferait le tour du champ. Le Bouillon avait mis des bottes vertes, avec un pantalon en velours, et un pull-over à col roulé. Il nous a dit de bien ouvrir nos narines, pour respirer les senteurs de la terre. Nous, on a trouvé que ça sentait surtout l'essence et la fumée, parce qu'il y avait un tas d'ordures que l'oncle de José était en train de brûler. Le grand cousin de José avait une mobylette avec tout plein de pots d'échappement et des super autocollants partout. Il tournait autour de la ferme en faisant un bruit terrible et des dérapages pour faire des traces sur le goudron. On a dit à José qu'il avait trop de chance, et on a vu qu'il était très content que sa campagne nous ait fait bonne impression. L'oncle de José nous a dit de l'appeler Tonton. Laurent a dit que c'était un peu gênant, mais le Bouillon l'a regardé avec des yeux terribles, et il n'a pas insisté.

Tonton nous a fait visiter son poulailler. C'était super, parce que les poules étaient enfermées dans le noir avec des lunettes de soleil. On aurait bien aimé les poursuivre en criant « *Cot, cot codec* », mais elles n'avaient pas le droit de sortir pour ne pas perdre de temps. Nous, ça nous a étonnés qu'elles soient tellement occupées, les poules, mais José nous a expliqué qu'à la campagne, il fallait apprendre à vivre au rythme de la nature. Dans l'étable il y avait des vaches qui avaient l'air encore plus tristes que celles qui regardent passer le train quand on va en vacances chez ma grand-mère. Elles aussi étaient dans le noir, il y en avait tellement qu'on ne pouvait pas les compter. Elles avaient une drôle de machine accrochée sous le ventre, et Tonton nous a dit que c'était pour leur prendre leur lait en appuyant sur un bouton. On a été se promener dans les champs. Ca sentait une drôle d'odeur, qui piquait la gorge, et on avait un peu mal aux yeux. Tonton nous a dit que c'était les nouveaux engrais que les Américains avaient inventés pour avoir un blé plus jaune et des tomates plus rouges.

À côté de la ferme de Tonton, il y avait des grandes tours en tôle grise, comme une sorte de château fort. José nous a dit que c'était des silos à grain, et qu'il fallait faire bien attention parce qu'on pouvait se noyer dedans.

La femme de Tonton est trop gentille, parce qu'elle nous avait préparé un bon déjeuner. Il y avait des beignets de poulet en forme de Mickey que l'on pouvait tremper dans de la sauce un peu sucrée qu'on faisait couler d'un sachet. Comme on était beaucoup, elle avait acheté un énorme paquet de frites surgelées. Avec la peau du Babybel, on pouvait faire de la pâte à modeler et des boulettes. José était tout fier, parce qu'au dessert sa tante nous a donné des glaces, même qu'à la fin il y a un chewing-gum dedans. Normalement, le Bouillon ne veut pas qu'on mange de chewing-gum à l'école, mais il a dit que comme on était à la campagne, il voulait bien faire une exception.

Après le déjeuner, Tonton nous a emmenés faire un tour avec la moissonneuse-batteuse. C'est un très gros tracteur, qui fait un bruit terrible, et il ne faut pas trop s'approcher, parce que sinon on finit ligoté dans une botte de paille. Laurent était un peu contrarié parce qu'il avait fait une tache de boue sur son pantalon. Ségolène voulait ramasser des fleurs, mais il n'y avait pas de fleurs dans les champs, seulement celles que la femme de Tonton avait achetées au supermarché pour les mettre dans sa jardinière. Tonton a mis en marche sa moissonneuse, ça a fait un bruit formidable, et il a levé le pouce en souriant.

Dominique et Nicolas ont commencé à se disputer pour savoir qui monterait le premier avec Tonton, mais la machine s'est arrêtée, et Tonton est allé chercher des outils pour la faire redémarrer.

Comme il s'est mis à pleuvoir, et qu'il n'arrivait pas à réparer, Tonton a dit que plutôt que de se mouiller, on allait regarder un film à la télévision. C'était l'histoire d'une famille qui vit à la campagne, avec le papa qui est très fatigué parce qu'il ne fait que couper du bois toute la journée. Les enfants doivent beaucoup marcher à travers les champs pour aller à l'école et la maman n'a pas de belles machines pour les vaches, comme celles de Tonton, elle doit prendre un seau pour aller chercher le lait. Quand le film a été fini, c'était l'heure de remonter dans le car. Nous, on avait de la peine de partir.

– *C'est normal*, nous a dit Tonton, *quand on a goûté au charme de la campagne, c'est dur de retourner à Paris.*

On l'appelle Robin des Bois

Cette année, on a dû beaucoup travailler pour le spectacle de la fête de l'école. Au début, la maîtresse nous faisait écouter un disque de musique russe pour nous faire danser le kazatchok. C'est une drôle de danse, où il faut porter un chapeau de fourrure et des grosses moustaches, et garder les bras croisés en lançant ses jambes en avant. Quand elle a vu que personne n'y arrivait, sauf Dominique avec ses grandes jambes, elle a décidé qu'on jouerait plutôt une pièce de théâtre. Nous, on était contents quand elle nous a dit que ce serait l'histoire de Robin des Bois. On avait tous vu le dessin animé au cinéma.

Comme la maîtresse a dit qu'il fallait nous « *in-ves-tir* », c'est nous qui avons dû faire le décor et les costumes. Comme elle est très gentille, elle a bien voulu nous aider, et elle a acheté du Scotch et du papier crépon. François a découpé un soleil jaune, qu'il a collé sur le papier bleu pour faire le ciel. Ségolène avait préparé une jolie robe pour Belle Marianne, avec l'aide de sa maman. Jack a apporté l'arc et les flèches qu'il avait eu en cadeau à son anniversaire. José a dessiné des arbres avec un gros feutre marron et un gros feutre vert. Philippe a fait la tour du château du prince Jean avec du polystyrène. Jean-Marie a apporté un costume de pirate, mais on lui a dit qu'il n'y avait pas de pirate dans Robin des Bois.

Une fois qu'on avait bien travaillé, la maîtresse a dit qu'il était temps d'apprendre nos rôles.

– *Pour qu'il n'y ait pas de disputes, c'est moi qui vais distribuer les personnages.*

Je crois que c'est parce qu'il est un peu gros qu'elle a demandé à José de s'habiller en moine et de faire frère Tuck. Jean-Marie serait le méchant shérif de Nottingham et Olivier, Bobby, le petit garçon dont c'est l'anniversaire.

Quand elle a dit à Ségolène qu'elle serait Belle Marianne, Ségolène a paru

un peu surprise, elle a dit qu'il n'y avait pas de raison, mais, bon, qu'elle voulait bien.

Philippe n'était pas trop content d'être Niquedouille le Vautour, mais la maîtresse lui a dit que c'est un rôle qui avait des « *ressources* » et qui était plus riche qu'on ne croit.

– *C'est toi qui fera rire*, elle a dit, la maîtresse, et Philippe a dit oui, même s'il aurait préféré être le shérif de Nottingham, mais la maîtresse lui a dit qu'il n'avait pas « *le physique de l'emploi* ».

Jack était un peu déçu d'être le capitaine des gardes, mais la maîtresse lui a dit qu'il était fait pour ça, et qu'il pourrait garder pour lui son arc.

Laurent, Nicolas, Dominique et François, ils se regardaient bizarrement, parce qu'il ne restait plus beaucoup de rôles à distribuer, et qu'ils espéraient tous être Robin des Bois.

– *L'avantage, avec moi, c'est que j'ai chez moi le costume sur mesure*, a dit Laurent.

– *Moi, je sais me battre et je suis le premier de la classe*, a dit Nicolas.

– *Moi, je me sens dans la peau du personnage*, a dit François.

Ça nous a étonnés, parce qu'avec son air timide et ses grandes oreilles, ce n'était pas l'idée qu'on se faisait de Robin des Bois.

– *On m'appelle Robin des Bois, je remplis les champs et les bois*, a chanté Dominique.

Dominique, il a bien rigolé quand la maîtresse a dit que Nicolas serait le prince Jean. Il l'a même imité en train de sucer son pouce. Nicolas, il a serré les dents, comme quand il n'a pas le tableau d'honneur à la fin du mois, mais la maîtresse lui a donné la couronne de la galette des Rois, et quand il a vu qu'il aurait aussi un sceptre, il était tout de même content.

Laurent, il était déçu d'être le roi Richard, parce qu'il n'apparaît qu'à la fin et qu'il ne dit presque rien, mais comme c'était aussi le mieux habillé de la pièce, ça l'a un peu consolé.

– *Dominique, tu seras le conseiller secret.*

– *Triste Sire, Triste Sire*, a rigolé Nicolas !

Dominique est devenu très pâle, et on s'est demandé s'il ne se sentait pas mal. Il allait à travers la classe, en se tenant aux tables, en disant des mots qu'on ne comprenait pas.

– *Tu feras ça très bien*, a dit la maîtresse, *et c'est un rôle e-ssen-tiel.*

François avait compris que ce serait lui, Robin des Bois. Il avait un grand sourire entre les deux oreilles. Il a dit à José :

– *Alors, frère Tuck, prêt à combattre ?*

On a trouvé qu'il était déjà formidable, comme s'il avait toujours su que ce serait lui Robin des Bois.

On a répété plusieurs fois, la maîtresse a dû beaucoup nous gronder parce que parfois, on en a profité pour faire les guignols.

– *C'est le rôle de ma vie*, disait François.

Il regardait droit dans les yeux Dominique, Laurent et Nicolas, et quand il prenait la main de Ségolène, elle avait l'air tout drôle. Nous, on avait des frissons lorsqu'il disait d'une voix grave :

– *Je vole aux riches pour donner aux pauvres.*

C'est dommage que la veille de la fête, on ait dû annuler notre spectacle. La maîtresse était toute triste. Peut-être qu'elle regrettait d'avoir donné le rôle de Robin des Bois à François. Ce n'est pas de sa faute. Elle ne pouvait pas prévoir que c'est ce jour-là qu'il aurait les oreillons, François.

Raffarin est revenu

Quand on l'a vu sous le préau, on l'a reconnu tout de suite, même si ça faisait longtemps qu'il était parti. Il avait toujours son regard gentil, ses grosses joues et son manteau à capuche avec son écharpe même quand il ne fait pas froid. C'est Nicolas, le premier, qui lui a demandé pourquoi il était là. Alors, il nous a expliqué que son papa avait retrouvé un travail à Paris, qu'il avait bien aimé la campagne, mais qu'il était content de nous retrouver.

Nous, on faisait un grand cercle autour de lui, on n'osait pas lui dire que nous aussi, on était bien contents qu'il soit revenu. Parce que Raffarin, tout le monde l'aimait bien à l'école, même Olivier, qui n'est jamais content, et même Jean-Marie, qui est toujours puni. Avec Raffarin, il n'y avait jamais de dispute, parce qu'il ne voulait pas être le premier de la classe ou le meilleur au foot. Que ça lui était égal que Dominique soit le chouchou du directeur et que les blagues de Philippe le faisaient rire, à condition qu'elles ne soient pas méchantes. Même Ségolène, il la connaissait, parce qu'elle allait en vacances près de chez lui, à Chasseneuil-le-Poitou.

— *Raffarin*, a dit Dominique, en se mettant la main sur le cœur, *tu as toujours été le meilleur d'entre nous.*

— *Je te prêterai mes cahiers*, lui a dit Nicolas, *pour que tu puisses rattraper tout ce qu'on a fait depuis que tu es parti.*

Comme la cloche a sonné, Raffarin nous a dit de ne pas nous mettre en retard, et de bien nous mettre en rang pour aller dans la classe.

— *En haut de la côte, il y a le sommet*, il a dit.

Raffarin, il a toujours bien aimé les maximes, même quand elles ne veulent rien dire. La maîtresse lui a fait un joli sourire, elle lui a passé la main sur les cheveux, et elle a demandé qui voulait bien lui donner sa place, pour aller se mettre au fond.

Tout le monde s'est levé, même Philippe et Jean-Marie, mais ça ne servait à rien parce qu'au fond, ils y sont déjà.

— *Entre ici, Raffarin*, il a dit, Dominique, comme s'il parlait à une foule immense, en montrant sa place d'un grand geste de la main.

Alors, Raffarin est allé vers le bureau de Dominique, et il avait l'air très ému.

— *Quand les chemins se croisent, un jour ils se retrouvent*, il a dit.

Tout le monde souriait, dans la classe, et même la maîtresse avait l'air d'avoir envie de pleurer. Nous, on a été sages comme des images, on a essayé de bien répondre aux questions, et de bien écrire sans dépasser dans la marge.

À la récréation, Raffarin est monté sur une caisse à savon, sous le préau, et il a fait un discours. Il nous a dit qu'à l'avenir nous devrions bien nous entendre et qu'il ne devait plus jamais y avoir de disputes entre nous.

— *Les mains qui se joignent sont plus fortes que les mains qui cognent*, il a dit.

Jean-Marie n'avait pas l'air trop d'accord, mais pour une fois il n'a rien dit.

— *On ne pourra même plus jouer aux cow-boys et aux Indiens ?* a demandé Jack.

— *En tout cow-boy, il y a un Indien qui s'ignore*, a dit Raffarin.

— *On n'aura plus le droit d'embêter les filles ?* a demandé Laurent.

— *Le jardinier n'arrache pas ses roses*, a dit Raffarin.

On commençait à s'ennuyer un peu à l'écouter dire des phrases, et quand Philippe a dit « *Qui veut jouer à l'épervier ?* » on est tous partis en courant avec lui.

— *Qui vivra par l'épervier périra par le faucon*, a dit Raffarin.

Mais là, il n'y avait plus personne avec lui, et il était tout seul sur sa caisse à savon.

Quand il nous a rejoints, Nicolas venait de faire un croche-pied à Dominique, il rigolait avec François de le voir par terre. Dominique criait « *Vengeance ! Vengeance !* » en se massant la jambe.

Jack avait volé le cache-nez de Laurent et il en avait fait un lasso. Il criait :

– *Les Indiens au poteau !*

Jean-Marie était déjà au coin, parce qu'il avait fait tomber Olivier sans le faire exprès, et que le Bouillon lui avait dit qu'on ne bousculait pas les petits.

Avec José, on rigolait bien en voyant Philippe qui tournait autour de Ségolène en agitant les bras comme s'il était un rapace et en criant : « *Tiou, houou !* »

– *Une mauvaise paix vaut mieux qu'une bonne guerre*, a dit Raffarin.

– *Raffarin sert à rien !* a dit Nicolas, en marchant en cadence comme un militaire. Nous on s'est mis derrière lui, et on a tous repris :

– *Raffarin sert à rien ! Raffarin, sert à rien !*

— *La bave du crapaud n'atteint pas la caravane qui passe*, a dit Raffarin.

À ce moment-là, Nicolas est passé derrière lui, et lui a fait un croche-pied. Raffarin est tombé, il a saigné du nez, et il a fallu que Ségolène l'accompagne à l'infirmerie. Quand il nous a rejoints, avec un gros coton qui dépassait du nez, la cloche venait de sonner, et on était en train de se mettre en rang. On lui a fait une place et il nous a dit avec un grand sourire :

— *C'est tout de même chouette d'avoir retrouvé les copains.*

Le jour de Ségolène

L e plus beau jour de l'année, à l'école, c'est le jour de la kermesse. Dans la cour, les parents tiennent des stands. Le
papa de Laurent vend des vieux objets cassés sous une bande-
role où c'est écrit « La Belle Brocante », même que mon papa
dit toujours que c'est moche et trop cher, mais qu'il ne faut pas
le dire tout fort. Le papa de José a une grosse bûche dans
laquelle il faut enfoncer un clou en trois coups de marteau. Le
papa de Jean-Marie tient le meilleur des stands, celui du chamboule-tout. Il y a une pyramide de vieilles boîtes de conserve, et
il faut les faire tomber en lançant trois balles dessus. C'est facile,

et chaque fois, c'est le papa de Jean-Marie qui ramasse, pendant que nous, les enfants, on le regarde en disant : « *Plus vite ! Plus vite !* » Le papa de Dominique s'occupe du billard japonais. Le papa de Nicolas tient le stand du tir à la carabine. Il faut tirer sur des ballons qui bougent tout le temps derrière des grilles. C'est le jeu le plus chouette, mais aussi le plus difficile, et il faut deux tickets pour faire une partie. La maman de Ségolène est à la pêche à la ligne. Le papa de François vend des bouteilles de vin rouge et fait des bons sandouiches aux saucisses.

Il y a aussi le papa de Jack, qui a un micro, et qui crie tout le temps que c'est formidable et qu'il faut qu'on aille découvrir tous les stands. Nous les stands, on n'a pas besoin de les découvrir, parce que c'est chaque année les mêmes. Et puis il y a la tombola. Les carnets, c'est nous qui les avons vendus, et celui qui en a vendu le plus a droit à dix tickets gratuits pour les stands. L'année der-nière, c'était Nicolas qui avait gagné, parce qu'il avait vendu des tickets à tous les com-merçants de sa rue en leur disant qu'ils avaient tous un lot gagnant. C'était exagéré,

et ça avait fait des histoires, et le directeur avait dû aller leur dire que Nicolas avait voulu bien faire mais qu'il avait mal compris. Dominique, il ne vend jamais beaucoup de tickets, parce qu'il dit aux gens qui refusent que de toute manière ils n'en étaient pas dignes, et il y en a qui se fâchent en disant « *De quoi, de quoi ?* » Lionel, il n'en a pas vendu beaucoup non plus, parce qu'il a dit qu'il attendait qu'on lui demande. Ségolène a fait un très bon score, parce qu'elle a proposé ses carnets avec un beau sourire, mais c'est Laurent qui a gagné, parce que son papa lui a acheté trois carnets d'un coup. Jean-Marie a dit que ce n'était pas juste.

Ségolène, pour la kermesse, elle avait mis sa robe d'été. Elle avait un nœud dans les cheveux et tout le monde voulait jouer avec elle.

Elle a d'abord voulu planter le clou en trois coups. Le papa de José lui a dit que ce n'était

pas un jeu pour les filles, mais Ségolène lui a dit qu'elle avait un ticket, et qu'il n'y avait pas de raison qu'il y ait des stands réservés aux garçons. Elle a levé le marteau, très haut, et elle a poussé un petit cri. Celui qui a poussé un grand cri, c'est le papa de José, parce que sans le faire exprès, Ségolène lui avait écrasé les doigts qui tenaient le clou. Au chamboule-tout, elle a fait un concours avec Jack et Laurent. Mais comme c'était difficile pour une fille, le papa de Jean-Marie a accepté qu'elle se mette un peu en avant devant la ligne, et elle a fait tomber toutes les boîtes en deux coups. Elle était tellement contente qu'elle a fait un bisou sur le front de Laurent et de Jack. Comme son papa lui avait donné beaucoup de tickets, elle en

a donné un peu à tout le monde, pour que les copains puissent tirer à la carabine. Laurent, qui fait du tir dans un club à Neuilly, a gagné un gros ours en peluche, et il en a fait cadeau à Ségolène. Ça nous a épatés, parce que d'habitude, Laurent, il ne prête jamais ses affaires, et Ségolène, il ne l'aime pas beaucoup. Elle était terrible, Ségolène, avec sa carabine, elle disait qu'elle était Calamity Jane, et elle réussissait à crever tous les ballons, même que Nicolas était drôlement jaloux. On l'avait jamais vue comme ça, elle était belle. Quand elle a gagné le vélo à la loterie, ça ne nous a même pas surpris.

– *C'est vraiment la plus forte*, a dit Jean-Marie.

– *On aurait dû l'élire déléguée de classe*, a dit Jack.

En lui donnant le vélo, le directeur a fait un discours, et il a dit qu'il était fier que ce soit une élève qui ait gagné le gros lot, et qu'il espérait que ça serait pareil à la distribution des prix.

Le seul qui n'avait pas l'air content, c'était Nicolas. Comme il était à côté de moi, je l'ai entendu qui disait :

– *Ce n'est tout de même jamais qu'une fille.*

La distribution des prix

C'était bizarre, cette année, la distribution des prix. C'est comme si tout le monde croyait qu'il allait avoir le prix d'excellence. Depuis quelques jours déjà, à l'école, on ne parlait plus que de ça. La maîtresse ne faisait presque plus de leçons, elle mettait ses jolies robes d'été et nous, on était souvent dans la cour. Celui qui disait toujours que cette fois-ci il allait gagner, c'était Jean-Marie. Je crois qu'il rêvait un peu mais il disait ça parce que l'année dernière il avait eu le deuxième prix alors que d'habitude, il avait toujours un blâme, et que cette année, il avait été un peu moins puni. Philippe, comme il dit tout comme Jean-Marie, il disait aussi qu'il allait « *créer la surprise* », mais personne ne l'écoutait jusqu'au bout. Dominique savait qu'il avait eu des mauvaises notes, mais comme il est le chouchou du directeur, il y a des jours où il y croyait encore. Il tournait en rond dans la cour en disant qu'on verrait bien ce qu'on verrait quand on aurait vu jusqu'au bout. François disait que c'était écrit qu'il allait recevoir le prix d'excellence, même qu'il avait toujours dit. Celui qui s'en moquait bien, des prix, c'était Raffarin. Il disait qu'il était arrivé trop tard pour cette fois-ci.

– *Derrière une montagne, ne crois pas qu'il y a une souris*, il a dit.

Laurent et Jack, ils avaient espéré jusqu'au deuxième trimestre, mais maintenant, ils savaient qu'ils étaient dans les choux. José et Olivier, ils se consolaient en disant que si on additionnait leurs notes, ils auraient peut-être la moyenne. Lionel ne disait rien. Il avait déjà redoublé une fois, et il ne voulait plus parler de ça. D'ailleurs, il ne parlait de rien à personne.

Ceux qui ne parlaient pas non plus, c'était Nicolas et Ségolène. Peut-être parce que c'était ceux qui avaient le plus de chances d'avoir le prix. Celui qui avait le plus travaillé, c'était Nicolas. On savait que la maîtresse et le Bouillon l'aimaient bien, et que c'était lui le plus fort en sport et en calcul. Ségolène, elle n'avait pas toujours les meilleures notes, et il lui arrivait de faire des grosses fautes d'orthographe, et même d'inventer des mots qui ne sont pas dans le dictionnaire. Au début on se moquait d'elle, surtout quand elle se trompait en histoire et en géographie, et qu'elle confondait Bayard et Clovis ou le Canada et la Belgique. Mais depuis que sa maman lui avait acheté des nouvelles robes et qu'elle faisait des sourires à tout le monde, le directeur lui donnait souvent des bons points.

Le jour de la distribution des prix, on nous avait fait mettre des bancs dans la salle de la cantine, et on avait amené des estrades pour faire une tribune. On avait tendu des draps blancs sur les murs. Le directeur et la maîtresse étaient assis derrière une table sur laquelle on avait posé une couverture verte. Les parents se sont installés sur les bancs. C'était drôle, on avait l'impression qu'eux aussi ils étaient en classe. Le père de Jean-Marie s'était mis au fond, à côté du père de Philippe. Le père de Dominique était au premier rang, avec un air ennuyé. Les parents de Nicolas étaient à côté de ceux de Ségolène. La maman de Jack n'avait plus l'air fâchée, elle nous faisait des grands sourires, avec de petits gestes de la main.

— *Un, deux, trois*, a dit le Bouillon pour vérifier que le micro marchait.

— *Chers enfants, chers parents, le grand jour est arrivé*, a dit le directeur. *Vous allez voir couronnés les efforts d'une année de travail, et je puis vous dire qu'il y a des surprises.*

Nicolas et Ségolène, ils étaient un peu pâles. Jean-Marie regardait le directeur d'un air grave. Même François fronçait les sourcils.

Après, le directeur a parlé très longtemps, mais pour dire un peu toujours la même chose, et ma maman n'arrêtait pas de regarder sa montre parce qu'on devait prendre le train pour partir en vacances. Quand elle a su que je n'avais que le

prix de bonne camaraderie, un chouette petit livre rouge qui raconte l'histoire d'un explorateur qui cherche le pôle Nord, elle m'a embrassé et m'a dit que nous ne pouvions pas attendre la fin. On est sortis par la petite porte, pendant que Philippe était appelé à la tribune pour un accessit de leçon de choses. Laurent et Jack étaient déjà partis, et moi, je n'ai pu dire au revoir aux copains qu'en leur faisant un signe de la main. Je n'ai pas pu savoir qui avait eu le prix d'excellence, c'est dommage, mais maman m'a dit que, de toute manière, ça ne changerait pas grand-chose à mes vacances.

Table des matières

··· SAGIM · CANALE ···

Achevé d'imprimer en mai 2007
sur rotative Variquik
à Courtry (77181)

Imprimé en France

Dépôt légal : mars 2007
N° d'impression : 10213

L'imprimerie Sagim-Canale est titulaire de la marque
Imprim'vert®